Elmar Arnhold

Kleines Braunschweig-ABC

Fotografien von Günter Pump

Husum

Einleitung

Braunschweig ist mit ca. 250 000 Einwohnern die zweitgrößte Stadt Niedersachsens. Sie wirbt mit den Prädikaten „Stadt Heinrichs des Löwen" und „Stadt der Wissenschaft". Beide haben ihre volle Berechtigung: Braunschweig kann mit reichem historischen Erbe aufwarten und gehört zu den führenden Wissenschaftsstandorten der Bundesrepublik.

Die Anfänge Braunschweigs gehen vermutlich in das 9. Jahrhundert zurück. Damals entstand ein Vorläufer der späteren Burg Dankwarderode. Diese Burg diente auch zum Schutz und zur Überwachung eines Übergangs über die →*Oker*. An beiden Seiten des Flussübergangs bildeten sich die ältesten Siedlungskerne, sogenannte Wike. Der Name der Stadt, ursprünglich „Brunswiek", geht vermutlich auf das Adelsgeschlecht der Brunonen zurück: die Siedlung (Wik) des Bruno. In der Weiheurkunde der →*Magnikirche* von 1031 wird der Ortsname als „brunesguik" erstmals erwähnt.

Die Stunde Braunschweigs schlug während der Herrschaft des mächtigen Sachsenherzogs Heinrich der Löwe im 12. Jahrhundert. Heinrich ließ hier in der Burg eine feste Residenz errichten und stiftete 1173 den Bau der →*Domkirche St. Blasii*. Damit entstanden Bauwerke und Kunstschätze von europäischem Rang. Gleichzeitig wurden die Siedlungen erweitert und nach und nach neue Teilstädte (→*Weichbilde*) gegründet. Unter Otto IV. entstand um 1200 ein geschlossener Mauerring um die gesamte Stadt.

Als Fernhandels- und Hansestadt wuchs Braunschweig im Spätmittelalter zu einer der größten Städte Norddeutschlands heran. Diese Epoche prägt das Stadtzentrum noch heute: Selten ragen auf so engem Raum zahlreiche Turmwerke des Mittelalters auf. Die einzelnen Weichbilde betrieben mit ihren Pfarrkirchen quasi einen Bau-Wettbewerb. Auf der anderen Seite entluden sich die sozialen Spannungen in der Stadt immer wieder in Unruhen, den „Braunschweiger Schichten". 1528 erfolgte die Reformation.

Die Prosperität Braunschweigs währte bis in den Dreißigjährigen Krieg hinein. Dies und die politische Eigeninitiative der Stadträte erweckte Gelüste der in Wolfenbüttel regierenden Herzöge von Braunschweig-Wolfenbüttel, die

Stadt endgültig zu unterwerfen. Die durch Kriegswirren und eine schwere Pestepidemie (1657) geschwächte Stadt wurde 1671 von Herzog Rudolf August erobert. Damit endete die Epoche städtischer Eigenständigkeit.
Unter fürstlicher Ägide wurden 1682 die Warenmessen ins Leben gerufen. Nach und nach verlegte man immer mehr Residenzfunktionen nach Braunschweig. Es entstand eine gewaltige Bastionärbefestigung. 1753/54 wurde die größte Stadt des Fürstentums auch wieder Residenz. Unter den Herzögen Carl I. und Karl Wilhelm Ferdinand entwickelte sich das Land zu einem Zentrum der Aufklärung.
Mit der Einweihung der ersten deutschen Staatseisenbahn begann 1838 das Industriezeitalter. In Braunschweig siedelten sich vor allem Betriebe zur Verarbeitung landwirtschaftlicher Produkte sowie des Maschinenbaus, später auch des Fahrzeugbaus (Büssing), an. Die wichtigsten Bahnlinien führten jedoch an Braunschweig vorbei – Industrialisierung und Wachstum erfolgten langsamer als in den Nachbarstädten Hannover und Magdeburg. Im Jahr 1890 erreichte man die Einwohnerzahl von 100 000.

Die erste Hälfte des 20. Jahrhunderts war geprägt von den Auswirkungen des Ersten Weltkrieges, den politischen Konflikten der Weimarer Zeit und dann von der Diktatur des Nationalsozialismus. Leider trägt Braunschweig den Makel der Einbürgerung Hitlers im Jahr 1932. Diktatur und Krieg gipfelten in der schweren Zerstörung Braunschweigs durch Bombenangriffe. Die Innenstadt wurde weitgehend vernichtet und über 3000 Menschen starben. Damit fiel ein einzigartiges Zeugnis des mittelalterlichen Städtebaus dem Zerstörungswahn zum Opfer.
Trotz der schwierigen Lage der Stadt in der Nähe der ehemaligen innerdeutschen Grenze konnte sich Braunschweig von den Kriegsfolgen langsam erholen. Obwohl der Wiederaufbau nach damals modernen Gesichtspunkten erfolgte – die Identität Braunschweigs ist geblieben und drückt der alten Welfenstadt ihren Stempel auf.
Braunschweig ist heute eine quicklebendige und junge, wieder wachsende Stadt mit einer Fülle von Einrichtungen der Wissenschaft und vielen Kulturangeboten. Eine Stadt, die noch immer zu Unrecht unterschätzt wird – dynamisch und löwenstark!

McDonald's

Aegidienkirche

Im Süden der Innenstadt erhebt sich eine leichte Anhöhe – sie ist der höchste Punkt des Braunschweiger Zentrums. 1115 gründete Markgräfin Gertrud von Sachsen dort ein Benediktinerkloster. Anfangs der Gottesmutter Maria geweiht, etablierte sich der Hl. Aegidius bald zum Hauptpatron.

Chor des ehemaligen Paulinerklosters

Seit 1200 wurde hier auch der Hl. Autor (oder Auctor), der mittelalterliche Stadtpatron Braunschweigs, verehrt.
Die erste Klosterkirche aus der Zeit vor 1150 ist als dreischiffige, romanische Basilika mit flachen Decken zu rekonstruieren. Die Klausurgebäude entstanden nach 1150 im Süden der Klosterkirche. Als bedeutendster Teil dieser Anlage ist der Ostflügel erhalten. Er ist Teil des Braunschweigischen Landesmuseums und präsentiert mittelalterliches Klosterleben.
1278 fiel die Kirche mit ihren hölzernen Flachdecken einem Brand zum Opfer. Nach Wiederherstellung der Klausur begann 1282 an den Ostteilen der Bau einer gotischen Benediktinerkirche. Um 1300 erfolgte am Querhaus ein Planwechsel von der Basilika (Chor) zu einer Hallenkirche (Langhaus). Schließlich arbeitete man noch bis 1478 an der Fertigstellung der Halle.
Der Kirchenbau blieb unfertig: Der Westbau war zwar begonnen worden, kam jedoch mit seinem Nordturm kaum über das Kirchenschiff hinaus. Er wurde schließlich 1817 bis auf Mauer- und Bogenansätze abgebrochen.
Nach der Aufhebung des Klosters im

St. Aegidien, Blick durch das Hallenlanghaus zum Chor

Zuge der Reformation (1529) diente St. Aegidien zunächst als Pfarrkirche, im 18. Jahrhundert als Garnisonskirche und im 19. Jahrhundert auch als Festhalle. 1906–45 war sie Teil des „Vaterländischen Museums". Seit 1948 ist das Gotteshaus katholische Pfarrkirche.

In der Aegidienkirche ist der Unterschied zwischen Basilika und Hallenkirche direkt veranschaulicht. Der noch im 13. Jahrhundert vollendete Chor ist als Basilika mit hohem Mittelschiff und niedrigen sowie schmalen Seitenschiffen aufgebaut. Der Chor präsentiert sich, nach dem Vorbild der französischen Kathedralgotik, als einziger Umgangschor in Braunschweig.

Im Süden des reizvollen Museumshofes (ursprünglich Kreuzgang) wurde 1906 der Chor eines abgebrochenen Kirchenbaus als Teil des heutigen Landesmuseums wiederaufgebaut. Er stammt vom ehemaligen Paulinerkloster am Bohlweg.

Alte Waage

Die 1534 errichtete Alte Waage galt bereits vor der Zerstörung im Zweiten Weltkrieg als Inkunabel des niedersächsischen →*Fachwerkbaus*. Sie wurde auch in der nach 1945 erschienenen Fachwerk-Literatur immer wieder beschrieben und abgebildet. Der Rang dieses Bauwerkes ist auch in seiner städtebaulichen Situation begründet. Der frei stehende, große Fachwerkbau teilte den lang gestreckten Platz vor der Andreaskirche in zwei unter-

Alte Waage, im Hintergrund die Andreaskirche.

Alte Waage, Schwellbalken mit Rankenfries und Grotesken

schiedlich große Abschnitte (Wollmarkt und Alte Waage). Die Positionierung des Gebäudes seitlich des riesigen Westbaus der →*Andreaskirche* ist außerordentlich reizvoll. Die ursprüngliche Funktion des Gebäudes beinhaltete die städtische Waage und große Speicherräume. Vor der Kriegszerstörung war der Bereich um die Andreaskirche eines der besterhaltenen Quartiere der alten Fachwerkstadt.

1991–94 erfolgte die Rekonstruktion der Alten Waage. In Fachkreisen war dieser Wiederaufbau sehr umstritten. Es handelt sich hier eben nicht um ein authentisches Baudenkmal, sondern um ein Abbild dieses einst bedeutenden Gebäudes.

Die einstigen Speicherstockwerke kragen umlaufend aus. Sie sind auch an den Speicherluken zu erkennen. Auch die Dachaufbauten (Zwerchhäuser) zeigen solche Speichertüren. Am nördlichen Ende des Gebäudes befindet sich eine breite Durchfahrt, in der eine Waagevorrichtung existierte.

Das Schnitzwerk der Frührenaissance beschränkt sich auf die Stockwerkschwellen der Speicherstöcke. Die Dekoration ist geschickt auf den Blickwinkel des Betrachters abgestimmt. An den Schwellen des ersten Speicherstockwerks ist ein aufwändig gestalteter Fries mit Rankenmotiven, Grotesken und Fabelwesen angebracht. An der Südfassade zeigt sich die Datierung mit M CCCCC XXX IIII. Den Schwellenkranz des zweiten Speichergeschosses umzieht ein schön ausgearbeiteter Laubstab. Die Fußdreiecke in den Brüstungszonen der Speicherstöcke treten in ihrer Reihung als gestaltprägendes Element in Erscheinung.

A

14

Altstadtmarkt

Der Altstadtmarkt ist das Zentrum des einst reichsten und bedeutendsten Weichbildes, der Altstadt. Er gehört heute zu den Traditionsinseln. Hier trafen wichtige Fernhandelsstraßen zusammen: ein von Westen nach Osten verlaufender Zweig des Hellweges (→*Oker*übergang) und eine Straße, die über das Petritor in Richtung Norden führte. Der rechteckige Markt entstand Mitte des 12. Jahrhunderts. An seiner Westseite wurde gegen Ende des 12. Jahrhunderts der Bau von St. →*Martini* begonnen. Um 1250 folgte die Errichtung des Altstadtrathauses. Kirche und →*Rathaus* erhielten ihre endgültige Gestalt im Spätmittelalter und bilden ein besonders schönes Ensemble gotischer Baukunst.

Dazu gehört auch der 1408 in Blei gegossene Marktbrunnen. Er zeigt drei Schalen, die mit Inschriften, Wappen

Blick von Osten über den Altstadtmarkt mit St. Martini, Altstadtrathaus und Marienbrunnen

und Figuren geschmückt sind. Die bekrönende Figur einer Muttergottes gibt dem gotischen Brunnen seinen Namen: Marienbrunnen. Er musste nach 1945 wegen starker Kriegsschäden völlig erneuert werden. Im Altstadtrathaus kann man erhaltene Teile aus der Nähe betrachten.

An der Markt-Südseite erhebt sich die ca. 60 Meter lange Bruchsteinfassade des →*Gewandhauses*. Sie wurde bis zur Zerstörung 1944 von einer →*Fachwerk*zeile verdeckt, die hier einst das Platzbild prägte. Als Hommage an diese Situation wurde 1950 ein altes Zollhaus aus dem Ortsteil Rüningen an das Gewandhaus versetzt.

An der Nordseite konnte das Stechinellihaus mit seinem prächtigen Portal von 1630 verändert wiederhergestellt werden. Unzerstört blieb das barocke Kaufmannshaus „Zu den sieben Türmen".

Auf dem Altstadtmarkt wird an jedem Mittwoch und Samstag der traditionelle Wochenmarkt abgehalten.

St.-Andreas-Kirche

Die Platzfolge Wollmarkt / Alte Waage ist eine Besonderheit im mittelalterlichen Braunschweig. Sie zeigt die Form eines Straßenmarkts, während die übrigen Marktplätze eher rechteckig angelegt sind. Grabungen in der Andreaskirche brachten 1897 nicht nur Erkenntnisse zur Baugeschichte der heutigen Kirche, sondern auch einen kleineren Vorgängerbau aus dem 12. Jahrhundert zutage.

St. Andreas, romanisches Kapitell aus dem Vorgängerbau am Nordportal

Der Ursprungsbau der heutigen Andreaskirche wurde um 1230 begonnen und nach 1250 vorläufig vollendet. Es war der dritte Nachfolgebau des Braunschweiger Doms: eine dreischiffige, kreuzförmige Gewölbebasilika, vorerst jedoch ohne Turmwerk.

In der zweiten Hälfte des 13. Jahrhunderts begann auch hier der Umbau zu einer Hallenkirche. Bei St. Andreas stand der Baubeginn des monumentalen Westbaus am Anfang. Hier entstand schließlich der höchste Kirchturm der Stadt. Der erste Bauabschnitt am Turmwerk umfasst die in rötlichem Rogenstein errichteten unteren Geschosse – ein mächtiger Block.

Bis 1419 arbeitete man an der insgesamt siebenjochigen Hallenkirche und ihrem Giebelkranz. Die Jochgiebel zeigen vielfältige spätgotische Maßwerkformen. Als Schaufassade wurde die Südfassade mit ihrem Skulpturenschmuck ausgebildet: Anbetung der Könige, Flucht nach Ägypten, Kindermord von Bethlehem, Jesus im Tempel. Der ungeschlachten Gestalt einiger Figuren soll die Kröppelstraße ihren Namen verdanken.

Reiche spätgotische Formen zeigen das Glockengeschoss (um 1360–1420) und der Südturm, der von dem Braunschweiger Baumeister Barward Tafelmaker

1518–32 errichtet wurde. Er erhielt 1544 seine hohe Spitze und erreichte damit die Höhe von 122 m. Am Nordturm stellte man, nachweislich als Folge der Reformation, schließlich den Kirchenbau ein. Der hohe Turmhelm brannte 1551 ab, wurde mit 108 m Höhe wiedererrichtet und verbrannte 1680 abermals. Der 1742 geschaffene Barockhelm (Turm-Gesamthöhe: 94 Meter) wurde ein Opfer des Zweiten Weltkrieges und 1955 wiedererrichtet.

Einzigartig ist die 1422 fertiggestellte Liberei im Südosten der Kirche (ehem. Kirchenbibliothek). Sie ist das einzige Zeugnis der norddeutschen Backsteingotik in Braunschweig und zudem eines der ältesten frei stehenden Bibliotheksgebäude überhaupt.

Westbau der Andreaskirche

B

Botanischer Garten

Im Nordosten der Innenstadt lockt der Botanische Garten zum Besuch. Er umfasst eine Fläche von ca. vier Hektar und liegt direkt am Oker-Umflutgraben. Damit ist der Garten in das Geflecht von Grünanlagen am Wallring eingebunden.

Im Jahr 1828 wurde auf der Westseite der →*Oker* (heute AOK-Gebäude) ein Arzneigarten für die damalige Anatomieschule gegründet. 1840 erfolgte die Anlage des Botanischen Gartens als Einrichtung des Collegium Carolinum. Er wird heute vom Institut für Pflanzenbiologie der →*Technischen Universität* betreut.

Vor der Gründung befanden sich an Stelle des Gartens der Holzhof und die Einmündung eines Kanals in die Oker. Das alte Kanalwärterhaus, ein →*Fach*-

Der künstliche Wasserfall in einer romantischen Schlucht

Blätter der Riesenseerose

werkbau des 18. Jahrhunderts, ist erhalten. Nach Wegfall des alten Arzneigartens konnte der Botanische Garten nach 1875 erweitert werden, es entstanden auch Anlagen für Wasserpflanzen und alpine Gewächse.

Heute präsentiert sich der Garten gleichermaßen als moderne Forschungsstätte wie als Ort für die Erbauung und Erholung. Er zeigt ca. 4000 Pflanzenarten aller Klimaregionen der Erde. Viele davon sind in Gewächshäusern untergebracht. Eine Aufgabe stellen sich die Wissenschaftler mit der Bewahrung gefährdeter Pflanzen.

Zahlreiche Besucher werden im Sommer von der Tropischen Riesenseerose angelockt. Weitere Attraktionen sind ein barocker Bauerngarten und eine romantische Schlucht mit künstlichem Wasserfall.

Seit 1995 existiert eine Erweiterung des Gartens im Süden der Humboldtstraße. Sie dient in erster Linie der Forschung und Lehre.

Brüdernkloster

Mitten im Getriebe des Stadtzentrums hat sich eine mittelalterliche Klosteranlage erhalten: das einstige Brüdernkloster. Es zeugt noch heute vom Leben und Wirken der Franziskanermönche.

Die ersten Franziskaner kamen 1223 nach Braunschweig und gründeten ihr Kloster am Rand des Weichbildes Altstadt. Im 14. Jahrhundert begann ein vollständiger Neubau des Klosters und der Kirche. 1361 erfolgte die Weihe des Chores. Die Fertigstellung der Gesamtanlage zog sich bis 1451 hin.

Nach der Reformation wurde die Brüdernkirche 1544 zur Pfarrkirche der Gemeinde St. Ulrici. Die Ulricikirche auf dem Kohlmarkt war im gleichen Jahr wegen Baufälligkeit abgebrochen worden. In einem Teil der ehemaligen Klausurgebäude richtete die Stadt 1569 das Zeughaus (Waffenarsenal) ein. In diesem Zusammenhang entstand 1604 das prachtvolle Renaissanceportal an der Ostfassade.

Im Zweiten Weltkrieg wurden die Klausurgebäude stark zerstört und die Kirche stark beschädigt. Der Kreuzgang ist in ursprünglicher Form

Brüdernkirche, Chorgestühl und Hauptaltar. Rechts der Südflügel des Kreuzgangs

erhalten und wirkt heute als stille Oase inmitten der Stadt.

Der lang gestreckte Kirchenbau ist, der Bauvorschrift und dem Armutsideal des Franziskanerordens entsprechend, turmlos. Stattdessen belebt ein Dachreiter die Erscheinung des Bauwerks. Das Langhaus ist dreischiffig und besitzt fünf Joche. Dem breiten Mittelschiff sind schmale und etwas niedrigere Seitenschiffe zugeordnet, es entstand eine sogenannte Staffelhalle.

In der Kirche ist eine kostbare Ausstattung zu bewundern. Höhepunkte sind das aus der Bauzeit stammende Chorgestühl, der Flügelaltar (um 1380) und das spätgotische Taufbecken.

Brunsviga

Die Brunsviga ist ein Kultur- und Kommunikationszentrum an der Karlstraße, im Norden des Östlichen Ringgebiets. Der Name rührt von einer hier 1895 gegründeten Konservenfabrik her. Brunsviga gehörte zu den zahlreichen Firmen der Braunschweiger Konservenindustrie. Diese Branche war seit der Mitte des 19. Jahrhunderts über viele Jahrzehnte ein wichtiges Standbein im Wirtschaftsleben der Stadt.

Die Brunsviga produzierte bis 1981, danach waren die Werksgebäude von einem Totalabriss bedroht. Dies konnte durch den seit 1981 bestehenden „Verein zur Gründung eines Kommunikationszentrums in Braunschweig" verhindert werden. Zielsetzung des Vereins war die Schaffung einer soziokulturellen Einrichtung. Am Anfang standen ein Bürgertreff und eine „Architekturwerkstatt" – hier sollten Ideen für den Umgang mit der vorhandenen Bausubstanz entstehen. Schließlich entstand ein erfolgreiches Stadtteilzentrum, das mit jährlich bis zu über 100 000 Besuchern weit über das Quartier hinaus ausstrahlt.

Schwerpunkte der Brunsviga liegen in der Kinderbetreuung (Kinderhaus) sowie der Bühne für Konzerte, Musicals und Darbietungen der Kleinkunst sowie von Räumlichkeiten für Tagungen, Vorträge und zum Feiern. Ein Café- und Restaurantbetrieb sorgt für das leibliche Wohl.

Seit 2007 beherbergt die Brunsviga auch den Regionalsender „Radio Okerwelle".

Bürgerpark

Als größte Parkanlage Braunschweigs erstreckt sich im Süden der Innenstadt mit einer Fläche von 37 Hektar der Bürgerpark. Er wird geprägt vom Flusslauf der →*Oker*, die sich hier in die beiden Umflutgräben aufteilt. Außerdem beleben mehrere Teiche die Anlagen. Im Norden schließt der Bürgerpark an den →*Wallring*bereich an. Hier existierte seit 1865 ein Wasserwerk, dessen bauliche Relikte (Maschinenhalle und Druckturm) in einen Hotelneubau integriert sind. In der Nähe befindet sich das 1932 eröffnete Stadtbad.

Ursprünglich stellte sich das Parkgelände als Auenlandschaft mit Pappeln und Weiden dar. Im Westen entstanden ab 1838 die Gleisanlagen des alten Bahnhofs heute Standort der →*Volkswagen-Halle*. Am Bahnhof wurde 1868 ein erster Park angelegt. Initiator für den Bür-

Hotel und Druckturm des ehemaligen Wasserwerks am Bürgerpark

Portikus von Peter Joseph Krahe

gerpark war der Promenadendirektor Friedrich Kreiß (1842–1915). Nach seinen Entwürfen entstand der Bürgerpark ab 1886. Die Arbeiten zogen sich schließlich bis in die 1920er-Jahre hin. Die Anlage wurde im Sinne eines Landschaftsparks gestaltet. Dabei wurden repräsentative Bedürfnisse des Bürgertums berücksichtigt und Vergnügungsstätten für die Bevölkerung geschaffen. An der Gabelung der Oker baute man 1896 den Portikus des am ehemaligen Augusttor abgebrochenen, klassizistischen Wachgebäudes von Krahe wieder auf. Am Ostrand des Parks befinden sich die Anlagen des Braunschweiger Tennis- und Hockey-Clubs e.V. Ein wichtiger Anziehungspunkt für Sportfreunde – hier finden seit 1994 jährlich die Braunschweiger ATP-Tennisturniere statt.

Das Okercabana, eine Strandbar am Bürgerpark

Burgplatz und Burg Dankwarderode

Der Burgplatz ist noch heute geografischer und ideeller Mittelpunkt der Stadt. Seine Geschichte reicht in die Frühgeschichte Braunschweigs, in das 10. Jahrhundert, zurück. Damals ließ König Heinrich I. eine Reihe von Burgen entlang des →*Oker*laufs errichten, darunter wohl auch den Vorgänger von Dankwarderode. Sie sollten vor den Einfällen der Ungarn schützen. Bereits im 11. Jahrhundert bestand innerhalb der durch den Okerlauf und Gräben geschützten Wasserburg ein Vorgängerbau der heutigen →*Domkirche*.

Im 12. Jahrhundert entwickelte sich die Burg unter der Herrschaft von Herzog Heinrich dem Löwen zu einem überregional bedeutenden Machtzentrum. Auf Initiative des Herzogs entstand mit der Aufstellung des Löwenstandbildes (wohl 1166) und der Errichtung der neuen Burg Dankwarderode (ab ca. 1175) sowie von St. Blasii (1173 begonnen) ein monumentales Bauensemble.

Das Löwenstandbild vor dem Veltheimschen Haus, rechts der Burglöwe. Nächste Doppelseite: Burg Dankwarderode mit Löwenstandbild und Rathausturm

Das Veltheimsche und das Huneborstelsche Haus (Handwerkskammer) am Burgplatz

Der 1209 zum Kaiser gekrönte Sohn Heinrichs, Otto IV., nahm seine Hauptresidenz ebenfalls in der Burg.
Im späten Mittelalter ging die Bedeutung der Burg Dankwarderode zurück. Sie wurde schließlich im 17. und 18. Jahrhundert als Nebenresidenz mehrfach umgebaut und erweitert. Nach einem

Brand erfolgte von 1887 bis 1906 nach Entwurf von Stadtbaurat Ludwig Winter ihr historisierender Wiederaufbau, nachdem er die Ruine untersucht hatte. An der Nord- und Westseite des Burgplatzes ließen Adelsfamilien des Braunschweiger Landes, wie die von Veltheim und von Schulenburg, im 16. und 17. Jahrhundert ihre Stadthöfe errichten. Von diesen Adelshöfen ist heute lediglich das Veltheimsche Haus, Burgplatz 2 (1573), erhalten. 1902 wurde daneben das am Sack Nr. 5 abgetragene Huneborstelsche Haus mit seiner hochbedeutenden Renaissancefassade wiederaufgebaut. Zur gleichen Zeit entstand das Hotel Deutsches Haus.

Die Westseite des Burgplatzes wird von noblen Bauten des Klassizismus eingefasst: Dompredigerhaus und Vieweghaus (Landesmuseum).

Der Burgplatz ist eine zauberhafte Kulisse für sommerliches Freilufttheater (Burgplatz Open Air) und den Mittelaltermarkt zu Pfingsten, besonders aber für einen der schonsten deutschen Weihnachtsmärkte.

Übergang von der Burg zum Dom

Christentum-Säule

Seit 2006 erhebt sich auf dem Ruhfäutchenplatz eine 9 Meter hohe Bronzesäule. Sie erzählt mit figurenreichen Reliefs die Geschichte des Christentums. Das Kunstwerk wurde in über sechsjähriger Arbeit von dem Braunschweiger Bildhauer und Hochschullehrer Jürgen Weber geschaffen. Von Weber stammen weitere Freiplastiken in der Stadt, so der populäre Ringerbrunnen am Sack. Der Künstler schuf ausschließlich gegenständliche Skulpturen, seine Werke sind mitunter drastisch-humorvoll.

Die Christentum-Säule erinnert mit ihrem szenischen Aufbau an die berühmte Bernwardsäule im Hildesheimer Dom und damit auch an die römischen Triumphsäulen. Von unten her sind Episoden aus der Geschichte der christlichen Religion dargestellt, beginnend mit dem Leben Jesu und dem frühen Christentum. Es folgen die Anfänge der Kirche, das Mittelalter und die Neuzeit. Neben den segensreichen Wirkungen des christlichen Glaubens sind auch die Verirrungen religiösen Eifers nicht ausgespart.

Auf den ersten Blick verstörend wirkt die Darstellung der brennenden Türme des World Trade Centers in New York (Terroranschlag 2001) und ihre Bekrönung durch die Symbole der drei monotheistischen Weltreligionen (Judentum, Islam und Christentum). Hier soll verdeutlicht werden, dass die Liebe Gottes stärker ist als die Anfechtungen durch Terror, Verfolgung und Intoleranz.

Dom St. Blasii

1172/73 begab sich Heinrich der Löwe auf eine Pilgerfahrt in das Heilige Land. Nach der Rückkehr ließ der mächtige Herzog 1173 den Bau von St. Blasius beginnen. Sie war als fromme Stiftung und als Grabeskirche des Herzogs und seiner Familie bestimmt. Das Bauwerk war im Mittelalter kein Bischofssitz, wird aber schon seit Jahrhunderten als „Dom" bezeichnet.
Für 1188 ist die Weihe des heute noch existierenden Marienaltars überliefert. 1189 wurde die Gemahlin Heinrichs, Mathilde, im Ostteil des Langhauses beigesetzt. Als der Löwe 1195 starb, war das Bauwerk, mit Ausnahme des Westbaus, äußerlich fertiggestellt. Seine sterblichen Überreste fanden ihre Beisetzung an der Seite Mathildes. 1218 wurde auch Kaiser Otto IV. im Dom beigesetzt.
Im Jahr 1226 erfolgte die Schlussweihe. Nun waren auch die von Beginn an vorgesehenen Gewölbe über Chor, Querhaus und Mittelschiff entstanden. Der Westbau war bis zur Dachhöhe über dem Langhaus gediehen.
Am östlichen Ende des Langhauses wurde um 1235 ein neues Grabmal für

Grabdenkmal für Heinrich den Löwen und Mathilde

Westbau des Doms

Südansicht der Domkirche St. Blasii (links) und Blick in das Mittelschiff nach Osten

Heinrich und Mathilde angelegt. Die beiden Liegefiguren des Herrscherpaares gehören zu den großen Werken der Plastik des 13. Jahrhunderts in Deutschland. Das Dommodell in den Armen Heinrichs gibt Aufschluss über die ursprüngliche Gestalt der Kirche.

Im späten 13. Jahrhundert entstanden die achteckigen Turmschäfte und das dazwischen eingespannte Glockenhaus mit seinem prächtigen Maßwerk. Der Westbau blieb allerdings unvollendet.

Zwischen 1322 und 1346 wurde im Süden ein weiteres, hochgotisches Kirchenschiff angefügt. Mit dem völligen Neubau des Nordseitenschiffs entstand 1469–74 ein einzigartiges Meisterwerk der spätgotischen Architektur. Seitdem präsentiert sich die Domkirche fünfschiffig.

Trotz der Umbauten bestimmt der Ursprungsbau, um eine kreuzförmige und ursprünglich dreischiffige Pfeiler-

Spätgotisches Nordseitenschiff (links)
Siebenarmiger Leuchter (oben)
Vierung und Hauptchor. Die Gewölbe mit Secco-Malereien des 13. Jahrhunderts (rechts)

basilika mit Ostkrypta, noch heute die Gestalt von St. Blasius. Langhaus und Ostteile haben die strenge, aber elegante Raumwirkung des spätromanischen Gewölbebaus bewahrt. In der romanischen Krypta werden die Kreuzgratgewölbe von Säulen mit Würfelkapitellen getragen.

Ganz im Gegensatz zum Ursprungsbau steht die spätgotische Architektur der Nordseitenschiffe mit ihren englisch anmutenden Flachbogenfenstern und schraubenförmig gedrehten Pfeilern.

Die hochrangige Ausstattung stammt in wesentlichen Teilen noch aus der ursprünglichen Bauzeit: Marienaltar, Sieben-

armiger Leuchter, Imervard-Kruzifix sowie das schon genannte Grabmal Heinrichs des Löwen und Mathildes. Aus der Mitte des 13. Jahrhunderts stammt die großartige Ausmalung der Ostteile des Doms, die nach ihrer Wiederentdeckung 1845 mehrfach restauriert wurde. In der Krypta und im Kirchenraum befinden sich zahlreiche Sarkophage von Angehörigen des Welfenhauses und schöne Epitaphien.

Der Braunschweiger Dom ist das bedeutendste Baudenkmal der Stadt. Die Architektur der Domkirche wirkte als Vorbild für die großen Pfarrkirchen der →*Weichbilde*. Daher rührt das einheitliche Erscheinungsbild der mittelalterlichen Sakralbauten Braunschweigs.

Domkrypta, Grabtumba für Generalmajor Albrecht (1725–45)
Domkrypta, Gruftbau (1936–38) für Heinrich den Löwen und Mathilde (rechts)

Eintracht Braunschweig

Der Braunschweiger Turn- und Sportverein (BTSV) Eintracht e.V. ist mit annähernd 4500 Mitgliedern größter Sportverein der Stadt. Die Gründung erfolgte 1895 als „Fußball- und Cricket Club Eintracht Braunschweig". Vereinsfarben sind Blau-Gelb (die Farben des einstigen Herzogtums), das kreisförmige Wappen zeigt einen roten Löwen. Der Verein bietet, neben dem Fußballspiel, die Möglichkeit zur Betätigung in verschiedensten Sportarten, so im Hockey, Turnen, Tennis und in der Leichtathletik, aber auch im Senioren- und im Wintersport. Das Eintrachtstadion befindet sich an der Hamburger Straße, ist kürzlich modernisiert worden und bietet 23 325 Plätze.

Zugpferd der Eintracht ist jedoch die Herrenfußballmannschaft. Sie gehört zu den Traditionsvereinen in Deutsch-

land und „Mitbegründern" der Bundesliga im Jahr 1963. Nachdem der Verein schon 1908 und 1913 die Norddeutsche Fußballmeisterschaft gewinnen konnte, spielte die Mannschaft auch bis zur Gründung der Bundesliga zumeist in den oberen Klassen – ohne jedoch eine Meisterschaft zu erringen. Dies gelang erst 1967: Braunschweig wurde Deutscher Meister! Eine für waschechte Eintracht-Fans noch immer magische Jahreszahl. Zur Mitte der 1970er-Jahre spielte die Eintracht noch einmal ganz oben mit und landete nach der Saison 1976/77 auf Platz 3.

Jüngste Erfolge waren die Aufstiege von der Dritten Lige über die Zweite in die Erste Bundesliga in der Saison 2013/14.

Eintracht schrieb Fußballgeschichte, als die Mannschaft als erste in der Bundesliga mit einer Trikotwerbung (für den Kräuterlikör „Jägermeister") auf das Spielfeld trat.

Trotz aller Höhen und Tiefen: Eintracht Braunschweig hat eine der treuesten Fangemeinden und gehört zu dieser Stadt wie der Löwe selbst …

Fachwerkbauten

Das einzigartige Stadtbild Braunschweigs mit seinen ca. 2000 Fachwerkbauten ist seit den Luftangriffen im Zweiten Weltkrieg unwiederbringlich verloren. Ein Wiederaufbau der Fachwerkstadt war nach dem Krieg nicht möglich und auch nicht beabsichtigt. Die 1991–94 erfolgte Rekonstruktion der →*Alten Waage* soll gerade in der vollständig kriegszerstörten Neustadt an die hier einst vorhandene Fachwerkpracht erinnern.

Die erhalten gebliebenen Fachwerkbauten Braunschweigs umfassen mit ihrer Entstehungszeit noch immer eine Zeitspanne von der Mitte des 14. Jahrhunderts bis in die Jahre um 1900. Das Braunschweiger Fachwerk ist dem niederdeutschen Fachwerk zuzuordnen. Quedlinburg und Goslar können mit ihren gut erhaltenen Stadtbildern eine Vorstellung davon geben, was in Braunschweig, aber auch in Hildesheim und Halberstadt verloren gegangen ist.

Der Begriff Fachwerk beschreibt eine Baukonstruktion. Es handelt sich um eine Holz-Skelettbauweise: Senkrechte und waagerechte Gefügeteile

Alte Knochenhauerstraße 11 (1470, Spätgotik)

umschließen Gefache, welche mit anderen Baumaterialien (Lehmflechtwerk oder Backsteinen) geschlossen (ausgefacht) sind. Ein Fachwerkgefüge ruht über einem steinernen Fundament, das als Sockel über das Boden-

Ackerhof 2, älteste Fachwerkinschrift „M CCCC XXX II" (1432)

veau reicht. Bis in das 13. Jahrhundert war es üblich, die Stützen wie Pfosten in den Boden einzugraben und hier auf einzelne Fundamentsteine zu stellen. Solche Pfostenbauten waren allerdings nicht sehr dauerhaft.

Die frühesten Fachwerkbauten werden als Ständerbauten bezeichnet, da die tragenden Stützen auch bei mehrgeschossigen Häusern von der Grundschwelle bis an den Dachansatz (Traufe) durchlaufen. Die Balkenlagen der Geschossdecken sind jeweils in den Ständern ein- bzw. durchgezapft. In der Regel ergeben zwei Ständer mit eingezapften Balken eine konstruktive Gefügeachse, ein Gebinde. Mehrere hintereinander gestellte Gebinde ergeben den Gebäudekörper, über dem ein Satteldach aufgerichtet ist. Streben dienen zur Aussteifung eines solchen Ständerbaugefüges. Das älteste in Braunschweig erhaltene Fachwerkgefüge eines Ständerbaus stammt aus der Mitte des 14. Jahrhunderts (Spohrplatz 7).

Bis in das 14. Jahrhundert zeigten sich die Braunschweiger Wohngebäude in der Regel als Giebelhäuser. Danach setzte sich hier die traufständige Bauweise durch. Dies bedeutet, dass die

Spohrplatz 7

Güldenstraße 7, Haus zur Hanse von 1567 (Renaissance)

Häuser nun mit der Dachseite zur Straße ausgerichtet wurden. Fotografien der unzerstörten Stadt zeigen dies deutlich.

Der Ständerbau wurde frühzeitig durch eine Mischbauweise abgelöst, indem man die Obergeschosse an den straßenseitigen Fronten auskragen ließ, während die Rückseiten der Häuser weiterhin mit durchgehenden Stützen errichtet wurden. Somit war eine neue Konstruktionsweise entwickelt: der Stockwerkbau, der sich nach 1500 insgesamt durchsetzte.

Bei Stockwerkbauten ist jedes Stockwerk mit geschosshohen Ständern eigenständig abgezimmert. Die Balkenlagen konnten nun über die Wandgefüge der darunter liegenden Stockwerke auskragen. Diese Auskragungen sind ein prägendes Merkmal der Fachwerkarchitektur des 15. und 16. Jahrhunderts und geben den entsprechenden Bauten ihre kraftvoll-plastische Gestalt.

Für die stilistisch in die späte Gotik und die Renaissance einzuordnenden Bauten des 15. bis 17. Jahrhunderts ist das Schnitzwerk an den Fassaden charakteristisch. Anhand des Wandels der Schmuckformen kann man die Häuser zeitlich gut einordnen. Vor der Zerstörung wurden in Braunschweig ganze Stadtquartiere von spätmittelalterlichen und frühneuzeitlichen Fachwerkbauten geprägt.

Noch während des Dreißigjährigen Krieges entstanden beachtliche Bürgerbauten. Erst nach 1648 ist hier eine deutliche Stagnation festzustellen, die bis zum Ende des 17. Jahrhunderts anhielt. Eine allmähliche wirtschaftliche Erholung, zu der die Gründung der Braunschweiger Warenmesse (1681) beitrug, schaffte schließlich neue Impulse für das Bauwesen.

Nun setzte sich ein entscheidender Wandel in Konstruktion und Gestaltung der Fachwerkarchitektur durch. Er bestimmte das Erscheinungsbild der Bauten über die Barockzeit und das Rokoko bis zum Klassizismus: Das bisherige Sichtfachwerk mit Schnitzereien wurde zugunsten einer Angleichung an den zeitgenössischen Massivbau aufgegeben. Die Neubauten wurden meist einfarbig überstrichen oder verputzt. Auch aufgemalte Scheinarchitekturen mit Quaderwerk und Marmorierung sind anzutreffen. In Braunschweig wurden im 18. Jahrhundert auch größere öffentliche Gebäude, wie Teile des barocken Residenzschlosses Grauer Hof (1830 abgebrannt), in Fachwerk errichtet.

In der 2. Hälfte des 19. Jahrhunderts kam mit dem Historismus auch das ältere Fachwerk des 15. bis 17. Jahrhunderts wieder zu Ehren. Neben ersten Restaurierungen wurden Fachwerk-Neubauten in der gerade aktuellen Formensprache von Neugotik und Neorenaissance errichtet.

Mit den erhaltenen Fachwerkbauten lässt sich trotz der immensen Verluste die lange Entwicklung dieser Bauweise aufzeigen. Es lohnt sich, einem spannenden Kapitel der Baugeschichte dieser Stadt nachzuspüren.

Flughafen

Die Geschichte des Flughafens Braunschweig-Wolfsburg reicht in die 1930er-Jahre zurück. Im Zuge der nationalsozialistischen Aufrüstungspolitik wurde der bisherige Flugplatz in Broitzem (westlich der Stadt) einer militärischen Nutzung zugeführt. Für die zivile Luftfahrt entstand bei Waggum im Norden Braunschweigs ein neues Flugfeld. Es konnte 1936 in Betrieb genommen werden. Damit wurde Braunschweig an das Streckennetz der Lufthansa angeschlossen. Das markante Flughafengebäude wurde jedoch erst 1939 errichtet.

Im Zusammenhang mit dem Flughafen wurde 1936 auch die Deutsche Forschungsanstalt für Luftfahrt gegründet. Nach Kriegsbeginn wurde der Platz auch militärisch genutzt, besonders für die Fliegerausbildung.

Eine Wiederaufnahme des Flugbe-

Flughafengebäude

triebs nach dem Zweiten Weltkrieg war erst 1955 möglich. Im gleichen Jahr wurde das Luftfahrt-Bundesamt (LBA) in Braunschweig angesiedelt. Seit der Anlage einer asphaltierten Startbahn (1967) kann Braunschweig auch von größeren Flugzeugen angesteuert werden – wichtig für das Luftfahrt-Bundesamt mit seinen rund 400 Stellen, aber auch für das Deutsche Zentrum für Luft- und Raumfahrt (DLR) und für Charterflüge. Eine große Rolle spielt der Luftverkehr auch für die großen Firmen der Region.

Nach dem (umstrittenen) Ausbau im Jahr 2011 ist die Startbahn 2300 Meter lang und 45 Meter breit. Heute ist der Flughafen Braunschweig-Wolfsburg als Verkehrsflughafen eingestuft. Wichtig ist auch seine Funktion für die Luftfahrtforschung. Im Umfeld des Flughafens siedeln sich innovative Firmen und Institute aus dem Bereich der Luft- und Raumfahrt und der Verkehrstechnologie an. Auch die Bundesstelle für Flugunfalluntersuchung (BFU) hat ihren Sitz in der Nähe des Flughafens.

Gewandhaus

Mit dem wirtschaftlichen Aufschwung Braunschweigs im 13. Jahrhundert entstanden in den einzelnen →*Weichbilden* eigene Märkte, Pfarrkirchen und Rathäuser. Am →*Altstadtmarkt* und am →*Hagenmarkt*, den Zentren der führenden Teilstädte, wurden neben den →*Rathäusern* auch Gewandhäuser errichtet. Sie dienten den vermögenden, „betuchten" Tuchhändlergilden als Kauf-, Speicher- und Gildehaus. Das Gewandhaus der Altstadt geht bis in die Zeit um 1300 zurück.

Das lang gestreckte Gebäude besaß nur an den Giebelseiten Eingänge. An den Längsseiten existierten von Beginn an Marktbuden. Sie wandelten sich im Spätmit-

telalter zu geschlossenen Häuserzeilen. Die südliche Umbauung an der Garküche wurde 1907 zugunsten der Handelskammer abgebrochen. An der Nordseite, am Altstadtmarkt, blieben die hier 1470–76 einheitlich errichteten →*Fachwerk*häuser bis zur Kriegszerstörung 1944 erhalten.

In der Renaissancezeit wurden 1590 die beiden Giebelfronten des Gewandhauses umgestaltet. Mit der Ostfassade entstand eines der bedeutendsten Werke der Renaissancearchitektur in Norddeutschland. In der Gestaltung sind Elemente der italienischen Renaissance mit den im Norden vorherrschenden Einflüssen aus den Niederlanden verschmolzen. Die Fassade schließt als wirkungsvoller Blickpunkt die Poststraße ab und gehört zu einer wohl bewusst gestalteten städtebaulichen Inszenierung. Der Betrachter nimmt erst unmittelbar vor dem Gewandhaus die Öffnung des Straßenraums zum Altstadtmarkt wahr.

Nach schwerer Zerstörung im Zweiten Weltkrieg wurde das Baudenkmal bereits 1948–50 nach Planungen Friedrich Wilhelm Krämers wiederaufgebaut.

Gewandhaus, Ostgiebel (links). Das Portal in der Nordfassade stammt von der zerstörten Hagenmarkt-Apotheke.

Hagenmarkt

Um 1160 wurde auf Initiative Heinrichs des Löwen das →*Weichbild* Hagen gegründet. Zur Entwässerung des sumpfigen →*Oker*-Niederungsgebiets wurden Fachleute aus den Niederlanden und Flandern angeworben. In der planmäßigen Anlage des Grundrisses für diese Teilstadt waren der Hagenmarkt und der Standort für die ab 1200 errichtete Pfarrkirche St. Katharinen freigehalten. Im Jahr 1227 erfolgte die Stadtrechtsverleihung an den Hagen durch Herzog Otto das Kind.

Hochwassermarke an der Katharinenkirche

Unmittelbar vor der Turmfront der →*Katharinenkirche* entstanden bereits im 12. Jahrhundert das Hagen-Rathaus und ein Gewandhaus. Als diese Gebäude nach der Unterwerfung Braunschweigs durch Herzog August nicht mehr für den alten Zweck benötigt wurden, erfolgte ihr Umbau zum fürstlichen Opernhaus. Hier wurden Lessings Emilia Galotti und Goethes Faust uraufgeführt. Nach dem Neubau des Staatstheaters wurde die barocke Oper 1864 abgebrochen. Damit wurde der Hagenmarkt zum größten Innenstadtplatz.

Löwe am Brunnen mit Wappen

Zur Belebung des Platzes und als Erinnerung an den Gründer der Teilstadt wurde 1874 inmitten des Marktes der Heinrichsbrunnen aufgestellt. Die von Ludwig Winter entworfene, historisierende Brunnenanlage ist mit einem von dem Künstler Adolf Breymann geschaffenen Bronzestandbild des Sachsenherzogs bekrönt.

Im Zweiten Weltkrieg wurde die reizvolle Bebauung des Hagenmarktes mit dem gesamten Stadtquartier zerstört. Nach moderner Neubebauung zeigt sich der Platz heute als Drehscheibe innerstädtischen Verkehrs, aber auch als begrünter Ruhepunkt mit historischer Wurzel.

Heinrichsbrunnen und St. Katharinen

Hauptbahnhof

Braunschweig kann einen wichtigen Beitrag zur Eisenbahngeschichte aufweisen: Hier wurde die erste deutsche Staatseisenbahn gegründet und 1838 mit der Strecke von Braunschweig nach Wolfenbüttel eröffnet. Das erste Bahnhofsgebäude musste schon 1843–45 einem neuen Kopfbahnhof im Süden der Innenstadt weichen. Der stadtseitige Hauptbau dieses Alten Hauptbahnhofs, ein klassizistisches Gebäude von Carl Theodor Ottmer, ist erhalten und wird heute von der Braunschweigischen Landessparkasse genutzt.

Die Lage des Kopfbahnhofs erwies sich bald als verkehrstechnisch ungünstig. Schon seit 1870 plante man an einem neuen Durchgangsbahnhof, wobei mehrere Standorte diskutiert wurden. Ein in den 1930er-Jahren ausgearbeitetes Projekt scheiterte am Ausbruch des Zweiten Weltkrieges.

Schließlich konnte der neue Hauptbahnhof erst 1960 eröffnet werden. Seine Lage geht auf die Planungen vor 1939 zurück, er befindet sich zwei Kilometer südöstlich der Kernstadt.

Zur Anbindung an das Zentrum erfolgten großzügige Straßendurchbrüche, die das Stadtbild stark veränderten.

Die Vorhalle des von Erwin Dürkop konzipierten Bahnhofsgebäudes öffnet sich mit einer breiten Glasfront

und weit auskragendem Vordach zum Berliner Platz. Dahinter ragt als scheibenartiger Baukörper das Bürohaus auf. Der Bahnhof kann als klassischer Vertreter der Nachkriegsmoderne gelten und ist denkmalgeschützt.
An acht Bahnsteiggleisen halten täglich über 200 Regional- und Fernzüge. Unmittelbar vor dem Bahnhofsgebäude befindet sich der von einem ovalen Glasdach geschützte, zentrale Knotenpunkt für die Bus- und Straßenbahnlinien der Braunschweiger Verkehrsbetriebe.

Hauptfriedhof

Im Mittelalter wurden die Verstorbenen auf den Kirchhöfen der Stadtpfarrkirchen in der Innenstadt beigesetzt. 1750 veranlasste Herzog Carl I. die Verlegung der Ruhestätten vor die Stadtmauern. So erhielt jede Kirchengemeinde ihren Friedhof im noch unbebauten Vorfeld der Befestigungsanlagen. Diese sind heute noch erhalten und stehen unter Denkmalschutz. Auf dem alten Magnifriedhof wurde 1777 Gotthold Ephraim Lessing beigesetzt.

Das Wachstum Braunschweigs im 19. Jahrhundert machte die Anlage eines neuen Friedhofs an der Helmstedter

Die Umgebung der Friedhofskapelle ist parkartig gestaltet.

Grabstele Lessings (Magnifriedhof)

Straße erforderlich. Die Planungen erfolgten ab 1870, eröffnet wurde der von Stadtbaurat Ludwig Winter gestaltete „Centralfriedhof" im Jahr 1883. Nach mehreren Erweiterungen gilt der Hauptfriedhof mit seinen 50 Hektar als eine der größten kirchlichen Friedhofsanlagen Deutschlands. Neben der evangelischen Ruhestätte bestehen auch ein katholischer sowie ein jüdischer Friedhof.

Der historische Kern des Friedhofs besteht aus einer symmetrischen Anlage von drei Halbkreisen. Sie sind kleeblattförmig um den zentralen Bereich mit der Friedhofskapelle gruppiert. Die 1887 geweihte Kapelle von Winter ist ein reizvoller Bau der Neugotik. Im ältesten Teil des Friedhofs ist eine Fülle von Grabdenkmälern aus den Jahrzehnten um 1900 zu bestaunen.

Wilhelm Raabe

Hier liegen, neben vielen anderen Persönlichkeiten aus dem Wirtschafts- und Kulturleben Braunschweigs, auch Wilhelm Raabe, Heinrich Büssing und Richard Dedekind begraben.

Bedeutende Architekturen sind neben der Friedhofskapelle das 1915 eröffnete Krematorium und die baugeschichtlich interessante Kapelle auf dem jüdischen Friedhof.

H

Herzog Anton Ulrich-Museum

Das Herzog Anton Ulrich-Museum ist eines der bedeutenden Kunstmuseen Deutschlands und eines der ältesten auf dem Kontinent. Auch hier liegen die Wurzeln in der Sammelleidenschaft der Landesfürsten früherer Jahrhunderte.

Schon die während der Renaissancezeit in Wolfenbüttel residierenden Herzöge zu Braunschweig und Lüneburg sammelten Kunstgegenstände und Naturalien. Ein Meilenstein war die Errichtung einer eigenen Bildergalerie durch Herzog Anton Ulrich in seinem Lustschloss Salzdahlum kurz nach 1700 (1811 abgebrochen). Carl I. baute die Sammlungen aus und machte Teile davon bereits 1754 als Herzogliches Kunst- und Naturalienkabinett der Öffentlichkeit zugänglich – es war die Geburtsstunde des Museums. Von 1765 bis 1887 wurden die Sammlungen in den Räumen des ehemaligen Paulinerklosters am Bohlweg präsentiert. Der heutige Museumsbau, ein Bauwerk in den Formen der italienischen Renaissance (Architekt: Oskar Sommer), wurde 1887 eröffnet. Jüngst erfolgte eine umfassende Sanierung und die Errichtung eines Erweiterungsbaus.

Schwerpunkt des Museums ist die große Gemäldesammlung. Die niederländische Barockmalerei ist mit fast allen bedeutenden Meistern vertreten, so mit Werken von Rembrandt und Rubens. Eine Hauptattraktion ist Jan Vermeers „Mädchen

Das Herzog Anton Ulrich-Museum. Im Hintergrund der Wasserturm am Giersberg (1901)

mit dem Weinglas" – auf der ganzen Welt existieren schließlich nur 37 Gemälde dieses berühmten Künstlers.

Von großer Bedeutung ist auch die grafische Sammlung mit insgesamt um die 145 000 Blatt Druckgrafik und fast 10 000 Handzeichnungen. Hier sind ebenfalls große Namen der Kunstgeschichte vertreten: Dürer, Raffael, van Dyck und viele andere. Aus den Bereichen Plastik und Kunsthandwerk kann das Museum mit Bronzestatuen, Elfenbeinschnitzereien, einer großen Kollektion von Majoliken, Emaillearbeiten und Werken ostasiatischer Herkunft aufwarten. Hinzu kommt eine kostbare Möbelsammlung.

Hochschule für Bildende Künste (HBK)

Die heutige HBK Braunschweig besteht seit 1963 und hat den Rang einer Universität mit Promotionsrecht. Ihre Vorgänger reichen jedoch weit in die Geschichte zurück. Schon 1790 ließ Herzog Karl Wilhelm Ferdinand eine Zeichenschule einrichten – eine Frühform heutiger Berufsschulen. Ab 1852 wurde die Zeichenschule vom Braunschweiger Gewerbeverein getragen.

Im 20. Jahrhundert gingen daraus die Handwerker-Werkkunstschule und, 1952, die städtische Werkkunstschule Braunschweig hervor. Letztere war unmittelbarer Vorläufer der 1963 gegründeten Staatlichen Hochschule für Bildende Künste, seit 1978 HBK.

Hauptstandort der Kunsthochschule sind die Gebäude am Johannes-Selenka-Platz am westlichen Stadtring. Hier fällt ein gläserner Kubus sofort ins Auge – es handelt sich um den mexikanischen Expo-2000-Pavillon, der 2002 von Hannover nach Braunschweig übertragen wurde. Weitere Standorte befinden sich in der unweit gelegenen Blumenstraße und im Art-Max an der Frankfurter Straße.

Zur HBK gehört das Institut für Medienforschung, das Institut für Kunstwissenschaft, das Institut für Transportation Design und ein Institut für

Gläserner Kubus

Performative Künste und Bildung. Den Studierenden stehen entsprechende Werkstätten zur Arbeit mit verschiedensten Werkstoffen zur Verfügung, hinzu kommen Labors mit moderner Medientechnik. Eine Bibliothek und eine Mediothek runden das Angebot ab. An der HBK sind ca. 1200 Studierende eingeschrieben.

Jakob-Kemenate

Die Jakob-Kemenate ist in Braunschweig das bedeutendste erhaltene Beispiel für einen besonderen Bautyp des mittelalterlichen Wohnbaus. Der Begriff Kemenate stammt aus dem mittelalterlichen Burgenbau und bezeichnet den mit Kaminen beheizten Wohnteil einer Burganlage. In der historischen Hausforschung werden die in Braunschweig als Kemenaten überlieferten Steinbauten der Gebäudegattung „Steinwerke" zugeordnet. Es handelt sich um Bauwerke, die immer als Teil einer mehrteiligen Hausanlage zu verstehen sind. Eine solche Anlage umfasst ein zumeist in →*Fach*-

Jakob-Kemenate. Rechts die Kemenate an der Hagenbrücke mit modernem Anbau

den Haupthäusern im Hofbereich. Von den über 100 nachweisbaren Exemplaren gingen die meisten im und nach dem Zweiten Weltkrieg zugrunde. Zu den wenigen erhaltenen Beispielen gehört die 1250 errichtete Kemenate am Eiermarkt 1a. Das Baudenkmal konnte nach jahrzehntelangem Leerstand revitalisiert werden. Nach einfühlsamer Sanierung und

werk errichtetes Haupthaus und eben einen massiven Gebäudeteil – das Steinwerk oder die Kemenate. Solche Steinwerke kommen in ganz Norddeutschland sowie im Ostseeraum vor. Im Gegensatz zu den Holzbauten waren sie wesentlich besser vor Bränden, aber auch vor Einbrüchen geschützt. Daher dienten sie zur Aufbewahrung kostbarer Güter und konnten repräsentative Wohnräume mit Wandkaminen beinhalten.

Die Braunschweiger Kemenaten befinden sich fast ausschließlich hinter

qualitätsvoller Erweiterung durch ein modernes Vorderhaus konnte hier 2006 ein Ort der Kultur eröffnet werden. Der Name „Jakob-Kemenate" ist neu und rührt von der direkt benachbarten Kapelle her. Der Bauherr, die Stiftung Prüsse, hat inzwischen auch die Kemenate an der Hagenbrücke zu Ausstellungszwecken ausgebaut.

Beide Kemenaten sind täglich geöffnet und laden zur Besichtigung einer interessanten Verbindung von alter und moderner Architektur sowie zu den dortigen Ausstellungen ein.

Katharinenkirche

Um 1160 wurde auf Initiative Heinrichs des Löwen das →*Weichbild* Hagen gegründet. Der Baubeginn der Katharinenkirche ist in den Jahren um 1200 anzusetzen. Auch für diesen Kirchenbau war St. Blasii das Vorbild. Somit entstand in Braunschweig die dritte große kreuzförmige und dreischiffige Basilika mit Westbau. Um 1230 war das spätromanische Kirchenschiff wohl weitgehend vollendet.

Der ungemein schlank aufstrebende Westbau dokumentiert eine Baugeschichte, die sich über fast zwei Jahrhunderte hinzog. So zeigen die einzelnen Stockwerke des Turmwerkes in eindrucksvoller Weise den Übergang von der Spätromanik über die Früh- zur ausgeprägten Hochgotik (Glockenstube). Turmschäfte und -helme datieren in das Spätmittelalter, der

St. Katharinen, Westbau. Rechts die Grabplatte Jürgen von der Schulenburg (1619)

Nordturm blieb unvollendet. Damit präsentiert sich diese Fassade wie ein Lehrbuch mittelalterlicher Bauepochen.
Während der abschnittsweisen Errichtung der Turmfront wurde auch die ursprüngliche, spätromanische Basilika umgebaut. Wie bei der →*Martinkirche* erfolgte auch hier eine Verwandlung zur Hallenkirche mit gleich hohen und gleich breiten Kirchenschiffen. An St. Katharinen wurden die Arbeiten in gleicher Weise und wiederum in mehreren Bauperioden vorgenommen. Die Hochaltarweihe von 1321 weist auf die Vollendung des erneuerten Chores hin. Gegen Ende des 14. Jahrhunderts wurden schließlich die Seitenschiffe über das ehemalige Querhaus auf den Chor verlängert. Damit erhielt die Katharinenkirche ihre endgültige Gestalt. Sie tritt, wie St. Martini, mit sieben übergiebelten Jochen in Erscheinung. Auch hier lässt sich die Baugeschichte anschaulich anhand des Wandels der Maßwerk- und Detailformen ablesen.
Aus der historischen Ausstattung ragen besonders die Epitaphien (Denkmäler für verstorbene Patrizier) aus der Spätrenaissance (um 1600) hervor. Das größte und bedeutendste Epitaph ist hier das 1619 errichtete Schulenburg'sche Epitaph. Ein modernes Kunstwerk stellen die Glasmalereien im Chor dar, geschaffen ab 1960 von Hans Gottfried von Stockhausen.

Kunstverein

Der heutige „Kunstverein Braunschweig e. V." blickt auf eine fast 200-jährige Geschichte zurück: Die Gründung des ersten Kunstvereins erfolgte 1832. Der 1945 neu gegründete Verein hat gegenwärtig ca. 500 Mitglieder. Sie widmen sich der aktuellen Kunstszene im internationalen Rahmen.
In jedem Jahr ziehen mehrere Ausstellungen zahlreiche Besucher an. Hinzu kommen Führungen durch die Präsentationen und begleitende Vortragsveranstaltungen. Der Kunstverein kann seit 1946 mit einem besonders repräsentativen Vereinssitz aufwarten: der Villa Salve Hospes am Lessingplatz. Sie ermöglicht auch Ausstellungen auf dem zugehörigen Freigelände.

Villa Salve Hospes

Die Villa ist eines der bedeutendsten Baudenkmäler Braunschweigs. Sie wurde 1805–08 nach Entwurf von Peter Joseph Krahe für den Kaufmann Dietrich Wilhelm Krause errichtet. Das ursprüngliche Grundstück umfasste auch das Gelände der benachbarten Badeanstalt und zeigte sich als schöner Landschaftspark. Dieser war eingebettet in die Gesamtanlage des ebenfalls von Krahe konzipierten →*Wallrings*.
Die symmetrische Anlage der klassizistischen Villa besteht aus einem Hauptwohnhaus und zwei frei stehenden Flügelbauten, die einen offenen „Ehrenhof" bilden. Bemerkenswert ist die Einfriedung zur Straße mit den kunstvoll geschmiedeten Gittern. Die noblen Gebäude sind klar gegliedert und mit zurückhaltend-geschmackvollen Dekorationen gestaltet. Besonders betont ist der Mittelrisalit des einstigen Wohnhauses. Hier gelangt man über eine Freitreppe in das kreisrunde, zweistöckige Vestibül mit seiner reizvollen Galerie. An der Rückseite des Hauses öffnet sich ein riesiger Rundbogen mit vorgelagerter Terrasse zum Garten hin.

Landesmuseum

Das Braunschweigische Landesmuseum wurde 1891 als „Vaterländisches Museum für Braunschweigische Landesgeschichte" gegründet. Erster Standort war das Paulinerkloster am Bohlweg. 1902 konnte es das einstige Aegidienkloster beziehen. Seit 1985 ist das ehemalige Verlagshaus Vieweg am Burgplatz die zentrale Heimstatt des Geschichtsmuseums.

Daneben existieren noch die Standorte Hinter Aegidien in Braunschweig, die alte Kanzlei in Wolfenbüttel und das Bauernhausmuseum Bortfeld.

Das Museum zeigt die Geschichte des bis 1946 bestehenden Landes Braunschweig von der Ur- und Frühgeschichte bis in die Gegenwart. Bedeutend ist auch die jüdische Abteilung Hinter Aegidien mit der dort präsentierten Ausstattung der Barocksynagoge aus Hornburg.

Das Landesmuseum zieht seit Jahrzehnten mit großen und überregional beachteten Landesausstellungen zahlreiche Besucher an, so 1985 mit „Stadt im Wandel", 1995 „Heinrich der Löwe und seine Zeit" oder 2011 „Die Römer kommen".

Das Haupthaus des Museums ist außerdem ein hochbedeutendes Denkmal klassizistischer Architektur. Nachdem der Verleger Vieweg sein Unternehmen 1799 von Berlin nach Braunschweig verlegt hatte,

„Eiserner Heinrich" von 1915

ließ er hier 1799–1804 den Firmensitz an prominenter Stelle errichten. Der Entwurf wurde „nach dem Riss eines der ersten Berliner Architekten“ ausgeführt. Infrage kommen hier die berühmten Baumeister David Gilly oder Heinrich Gentz.

Das mit herzoglicher Förderung entstandene Vieweghaus war damals das größte Privatgebäude der Stadt. Es diente als Wohnhaus genauso wie als Verlagssitz, Druckerei und Buchhandlung.

Die Architektur zeigt die damals unerhört moderne Formensprache des Klassizismus um 1800. Sie zeichnet sich durch eine klare Monumentalität aus. Das Baudenkmal gehört zu den bedeutendsten Zeugnissen dieser Epoche in Deutschland.

Landesmuseum, Portikus am Burgplatz

Löwenwall

Größter und eindrucksvollster Freiraum innerhalb des Wallrings ist der Löwenwall, der ehemalige Monumentplatz. Er besetzt das Gelände einer ehemaligen Bastion (Wilhelmsbollwerk). Der von Krahe 1819 erarbeitete Entwurf ist nach der Grundform einer antiken Rennbahn (Hippodrom) als Rechteck mit halbrunden Schmalseiten angelegt und von dreifachen Alleen umgeben. Das Motiv einer solchen Rennbahn war in der Epoche des Klassizismus ein beliebtes Motiv in der Freiraum- und Stadtgestaltung.

Im Zentrum der weiten Rasenfläche im Innern dieses Hippodroms entstand 1822 ein Obelisk. Er wurde zu Ehren der in den Napoleonischen Kriegen gefallenen Herzöge Karl Wilhelm Ferdinand und Friedrich Wilhelm errichtet. Der Entwurf für dieses weitgehend als Eisenkonstruktion ausgeführte Monument stammt ebenfalls von Krahe. Das Denkmal erhebt sich über einer Plattform, deren Ecken mit Löwenplastiken (nach dem Modell von Gottfried Schadow, Berlin) besetzt sind. Am Postament des Obelisken befinden sich vergoldete Inschriften und dezenter klas-

sizistischer Dekor. Zwei kreisrunde, nachträglich geschaffene Brunnenfontänen flankieren den Obelisken. Die südliche Fortsetzung des Löwenwalls war ursprünglich in geschickter Weise an das ehemalige Augusttor angebunden. Die Nordachse des Löwenwalls zielt auf den Steintorwall.

Magnikirche

Mit der Weihe der ersten Magnikirche durch den Halberstädter Bischof Branthog im Jahr 1031 verbindet sich die früheste urkundliche Erwähnung Braunschweigs als „brunesguik“. Die Umgebung der Magnikirche gehört zu den Keimzellen der späteren Stadt. Im Mittelalter verlief die Bistumsgrenze zwischen Hildesheim und Halberstadt entlang der →*Oker*.

Nachdem 1245 die Altewiek mit Stadtrechten bedacht worden war, begann ein Neubau von St. Magni. Hier errichtete man von Beginn an eine dreischiffige Hallenkirche. Die Arbeiten begannen am Westbau, der sich wieder als blockhaftes Turmwerk präsentiert. Auch dieses blieb unvollendet. Eine inschriftliche Datierung von 1447 am Chor zeigt das Ende der mehrphasigen Bauzeit von St. Magni an.

Bei einem Bombenangriff am 23. April 1944 wurde das Langhaus von einer Luftmine weitgehend zerstört. Der Wiederaufbau erfolgte 1956–64 nach Plänen der Architekten Pramann und Vogel in bewusst moderner Formensprache. Anstelle der alten Nordwand errichtete man eine Betonkonstruktion mit Glasmalereien von Hans Gottfried von Stockhausen, sie zeigen die Flucht aus Ägypten. Über dem Kirchenschiff wurde ein hölzernes Faltdach errichtet.

Im Gegensatz zum Langhaus wurde der Chor annähernd in seiner spätgotischen Erscheinung erneuert. Ein Denkmal für die Zerstörung ist „Der Rufer“, eine Plastik von Bodo Kampmann, am Chorgiebel. Der barocke Hochaltar von Detlev Jenner (1730–34) wurde am Übergang vom Südseitenschiff zum Chor platziert.

Das modern wiederaufgebaute Kirchenschiff von St. Magni

Magniviertel

Das Innenstadtquartier rings um die Magnikirche ist Traditionsinsel und bietet eine Vorstellung vom historischen Bild, das der gesamte Stadtkern vor dem Zweiten Weltkrieg bot. Zudem gehört das Magniviertel zu den ältesten Teilen der mittelalterlichen Stadt. Es ist quasi eines der „Gründungsviertel": In der Weiheurkunde von St. Magni wird Braunschweig 1031 erstmals erwähnt. Daher erhielt dieses Quartier, als Teilstadt neben den anderen →*Weichbilden*, schließlich die Bezeichnung „Altewiek".

Die Magnikirche bildete ursprünglich den östlichen Endpunkt eines lang gestreckten Straßenmarktes. Aber noch im Mittelalter verlagerte sich der Han-

Fachwerkensemble Hinter der Magnikirche. Rechts: Über den Häusern Am Magnitor erhebt sich der Magnikirchturm.

del vorwiegend auf Altstadt und Hagen. Die Altewiek war schließlich, bis in das 20. Jahrhundert, das Viertel der „Kleinen Leute“: Handwerker, Kleinhändler und Arbeiter.

Aus diesem Grund existieren im Magniviertel keine großen Patrizierbauten – die →*Fachwerk*häuser sind überwiegend von eher bescheidener Größe. Sie geben allerdings einen schönen Querschnitt durch die Geschichte der Braunschweiger Holzarchitektur. Und wir können hier einen Superlativ bestaunen: Das unscheinbare Haus Ackerhof 2 ist das älteste inschriftlich datierte Fachwerkhaus Deutschlands. Es wurde zwar im 18. Jahrhundert völlig umgebaut, aber ein Schwellbalken lässt die Jahreszahl „M CCCC XXX II“ (1432) erkennen.

Heute ist das Quartier ein beliebtes Kneipenviertel. Außerdem existieren hier zahlreiche kleine, aber feine und interessante Läden.

An jedem ersten Wochenende im September ist das Magnifest Anziehungspunkt für ca. 100 000 Besucher. Das seit 1974 bestehende Stadtteilfest – das Braunschweiger Altstadtfest – gehört zu den größten in Norddeutschland.

Martinikirche

St. Martini war die Hauptpfarrkirche im →*Weichbild* Altstadt, der größten und vermögendsten mittelalterlichen Teilstadt Braunschweigs. Das städtebauliche Ensemble mit Martinikirche, Altstadtrathaus und Marktbrunnen gehört noch heute zu den schönsten Städtebildern des späten Mittelalters. Begonnen wurde die ursprünglich kreuzförmige Gewölbebasilika wohl gegen 1180/90. Um 1230 konnten die Bauleute das spätromanische Bauwerk vollenden. Und dies einschließlich der Doppelturmfront. Damit besitzt die Martinikirche den einzigen baulich fertig gestellten Westbau einer mittelalterlichen Kirche in Braunschweig. Der Kernbau von St. Martini war am Vorbild des Braunschweiger →*Doms* orientiert. So zeigt der Westbau wieder einen blockhaften Unterbau mit achteckigen Türmen. Die spitzen, gotischen Turmhelme wurden nach ihrer Kriegszerstörung (1944) erst 1980 wiederhergestellt.

St. Martini, Mittelschiff mit Kanzel und Orgel

Schon wenige Jahrzehnte nach ihrer Vollendung begann für St. Martini ein neuer Bauabschnitt. Ab 1250 wurde das Langhaus in eine Hallenkirche mit drei gleich hohen und breiten Kirchenschiffen umgewandelt. Eine

große Bauleistung war hier die Beibehaltung des romanischen Mittelschiffs-, Querhaus- und Chorgewölbes, obwohl große Teile der vorhandenen Kirchenwände durchbrochen werden mussten. Die neuen, gotischen Seitenschiffe erhielten Strebepfeiler, spitzbogige Maßwerkfenster und Kreuzrippengewölbe sowie ihre charakteristischen Jochgiebel.
Im 14. Jahrhundert folgten die Errichtung der seitlichen Chorjoche und die Umgestaltung der Giebelfronten an den ehemaligen Querarmen. Die einstigen Querhausgiebel erhielten um 1310/20 eine besonders reiche Gestaltung. Über ihren Portalen setzen Maßwerknischen mit kunstgeschichtlich hochbedeutenden Figurenzyklen an (Nordgiebel: Christus, Ecclesia und Synagoge, Kluge und Törichte Jungfrauen, Südgiebel: Maria mit dem Kind, Drei Könige, Johannes d. T., Petrus und Paulus). Das Nordportal zeigt ein kostbares Tympanonrelief mit der Darstellung des Marientodes. Um 1400 wurde die fünfseitig gebrochene Chorapsis angefügt. Letzte bauliche Erweiterung ist die 1434 gestiftete spätgotische Annenkapelle an der Südfassade. Sie weist außen wie innen reichen Figurenschmuck auf und ist mit einem Sterngewölbe überdeckt.

St. Martini, Taufbecken in der Annenkapelle

Mit ihrer reichhaltigen Ausstattung zeigt sich St. Martini als beredtes Denkmal der einst wohlhabenden Bürgerschaft im bedeutendsten Weichbild der historischen Stadt.

Mumme

Die Braunschweiger Mumme ist eine Bierspezialität und seit Jahrhunderten bekannt. Der Legende nach wurde sie 1492 oder 1498 von einem Bierbrauer namens Christian Mumme „erfunden". Es soll sich dabei um ein besonders kräftiges Starkbier gehandelt haben. Bis 1944 bestand Am Alten Petritore noch ein spätmittelalterliches Fachwerkhaus, das als Wohnhaus des Brauers galt. Dort befand sich eine Schnitzfigur mit einem Passglas. Belege für die historische Existenz des Brauers Mumme sind bislang allerdings nicht aufgetaucht.

Tatsächlich reicht die Geschichte der Mumme weiter zurück – nach archivalischen Unterlagen bis in das Jahr 1390. Mit „Mumme" wurde ein dunkles, sehr malzhaltiges Starkbier bezeichnet.

Aufgrund der langen Haltbarkeit eignete sich Mumme als Nahrungsmittel für lange Schiffsreisen. Daher wurde das Getränk auch als Schiffmumme bezeichnet. In der frühen Neuzeit – der Epoche der Entdeckungsreisen – galt die Mumme als führender Exportschlager Braunschweigs. Im 17. Jahrhundert wurde sie sogar zum Objekt der Wirtschaftsspionage.

Im 18. Jahrhundert sank die Popularität der Spezialität. Seitdem wird unter dem Namen Mumme ein alkoholfreier Malzextrakt hergestellt. Auf diese Rezeptur geht das heutige Malzbier zurück. Bedeutendster Produzent war lange die Brauerei Steger im 1944 zerstörten „Mummehaus" am Bäckerklint.

Mumme wird noch heute hergestellt, seit 2008 auch wieder in einer alkoholhaltigen Variante. Die Spezialität gehört zum Lokalkolorit: Es gibt ein Mumme-Lied, ein Gedicht und seit 2006 die „Mumme-Meile" in der Innenstadt.

Museum für Fotografie

Braunschweig war ein wichtiger Standort der Fotoindustrie. Dafür stehen die Namen der Firmen Rollei und Voigtländer. Das Museum wird von einem gleichnamigen Verein betrieben. Er gründete sich 1984, um an die große Fototradition der Stadt zu erinnern und dieses kulturelle Erbe zu bewahren. Ein Schwerpunkt ist die Beschäftigung mit der jüngeren und aktuellen Fotokunst.

Mit seinen Wechselausstellungen ist das Museum Anziehungspunkt für zahlreiche Besucher. Hier liegen die Schwerpunkte in der Fotografie der 2. Hälfte des 20. Jahrhunderts und der aktuellen internationalen Szene. Führungen und Vorträge bereichern das Angebot. Die fotohistorischen Kostbarkeiten, zu denen auch frühe Daguerreotypien gehören, sind im Stadtarchiv untergebracht. Bedeutend sind die Sammlungen der Fotografin Käthe Buchler (1876–1930) und des Pressefotografen Hans Steffens (1915–1994). Letzterer dokumentierte den Wiederaufbau Braunschweigs und das Leben in der Stadt nach 1945.

Heimstatt des Museums sind die beiden klassizistischen Torhäuser an der Helmstedter Straße. Sie wurden 1818 als Bestandteile des von Peter Joseph Krahe im Zuge seiner Wallringgestaltung neu angelegten Steintores errichtet.

Naturhistorisches Museum

Das Naturkundemuseum ist eines der drei Landesmuseen in Braunschweig. Es geht wie das →*Herzog Anton Ulrich-Museum* auf die fürstlichen Sammlungen zurück. Die Exponate des herzoglichen Kunst- und Naturalienkabinetts wurden 1754 der Öffentlichkeit zugänglich gemacht. Sein Standort war das einstige Paulinerkloster am Bohlweg.

Seit 1937 befinden sich die Sammlungen des Museums in einem markanten Gebäude an der nördlichen Ring-

Naturhistorisches Museum, Vorplatz mit Nachbildung eines Sauriers

straße. Das Backsteinbauwerk wurde während des Dritten Reiches nach Plänen Emil Herzigs für die Pädagogische Hochschule und eben für das Naturhistorische Museum errichtet. Heute dient der höhere Gebäudeteil als „Haus der Wissenschaft".

Von den zahlreichen Exponaten wird nur ein Teil in der Schausammlung gezeigt. Die Studiensammlung umfasst ca. 3000 Säugetiere und ca. 50 000 Vögel. Hinzu kommen an die 4000 Skelette und Schädel sowie 500 Geweihe. Aus dem Reich der Insekten sind ca. 80 000 Schmetterlinge und ca. 85 000 Käfer zu nennen. Weiterhin existieren hier 5000 paläontologische Präparate.

Die Schausammlung wird teilweise in Dioramen präsentiert, die einer natürlichen Umgebung der Tiere nachempfunden sind. Seit 2013 werden die Besucher von einem Schaumagazin und einem Entdeckersaal fasziniert. Für Fische und Reptilien ist ein Aquarium mit verschiedenen Lebensräumen eingerichtet. In der Schatzkammer erhält man Einblicke in die Geschichte der Sammlungen.

Haus der Wissenschaft

N

Nikolaikirche Melverode

Zu den bedeutendsten Baudenkmälern in den Braunschweiger Ortsteilen gehört die Nikolaikirche in Melverode. Das einstige Dorf an der →*Oker* ist heute von weitläufigen modernen Wohnsiedlungen geprägt. Inmitten des Ortskerns überrascht der kleine mittelalterliche Sakralbau.

Er zeigt das regionaltypische Schema einer Dorfkirche mit einem wuchtigen Westbau, einem gleich breiten Kirchenschiff und einem schmaleren Chor mit Halbrundapsis. St. Nikolai tritt allerdings mit einigen Besonderheiten hervor. Die Ostseite des breiten Kirchenschiffs schließt ebenfalls mit Apsiden ab und zeigt damit eine schöne Staffelung. Im Inneren präsentiert sich die Kirche als dreischiffige Halle mit bemerkenswerter Gewölbeform.

Die bedeutenden Wand- und Gewölbemalereien wurden 1902–06 restauriert und ergänzt. Sie zeigen die Lebensgeschichten Christi und des Hl. Nikolaus. Eine Figur mit einem Schild, der einen Adler zeigt, ist als Hinweis auf einen bedeutenden Bauherren zu verstehen. Er stammte vermutlich aus dem Umkreis Kaiser Ottos IV. Die durch jüngste Untersuchungen ermittelte genaue Bauzeit der Kirche (1214) stimmt mit dieser Überlegung gut überein.

Nussberg

Der Nussberg ist ein bis zu 93 m über den Meeresspiegel aufragender Höhenrücken im Osten des Stadtkerns. Seine geologische Entstehung reicht 250 Millionen Jahre zurück. Er ist ein beliebtes Naherholungsgebiet und bietet im Winter die für Braunschweig seltene Gelegenheit zum Rodeln. Zwischen den Stadterweiterungen des 19. Jahrhunderts (→*Östliches Ringgebiet*) und dem Nussberg befinden sich schöne Parkanlagen: der

Der Rogenstein vom Nussberg

Stadtpark und der Prinz-Albrecht-Park.

Seinen Namen erhielt der Berg vermutlich im 13. Jahrhundert: 1279 war er Besitz eines Patriziers Nottberg, der hier einen Steinbruch betrieb. Große Teile der mittelalterlichen Steinbauten Braunschweigs, besonders die Kirchen, sind aus Steinmaterial vom Nussberg errichtet. Es handelt sich um den grobkörnigen Rogenstein, der in hellen und rötlichen Farbtönen vorkommt und gut zu erkennen ist. Die Steinbrüche zeichnen sich noch heute als tiefe Schlucht ab.

In den 1930er-Jahren errichteten die Nationalsozialisten hier eine Thingstätte in Form einer Freilichtbühne für 15 000 Zuschauer. Reste dieser Anlage sind noch sichtbar. Außerdem entstanden damals Bunkeranlagen und eine Rednertribüne für Aufmärsche. Von hier bietet sich ein schöner Ausblick auf die Stadt.

Das 1832 am Westrand des Nussbergs errichtete Olfermann-Denkmal erinnert an den braunschweigischen Generalmajor Johann Elias Olfermann. Er kämpfte in den Schlachten von Quatre-Bras und Waterloo.

Oker

Die Oker entspringt im Oberharz und mündet nach einem Verlauf von über 128 Kilometern Länge in die Aller. Das Quellgebiet des Flusses befindet sich unweit des Brockens am Bruchberg und liegt ca. 910 m über dem Meeresspiegel. Der Höhenunterschied bis zur Mündung liegt bei immerhin 865 Metern. Das Einzugsgebiet der Oker umfasst Teile des Nordharzes und die Gegend um den Elm. Überregional bekannt ist der Fluss besonders durch die gleichnamige Talsperre.

Historisch interessant ist, dass die Oker bereits 747 in Zusammenhang mit einem Flussübergang bei dem Dorf Ohrum erwähnt wurde. Damals zeigte das Gewässer im späteren Stadtgebiet von Braunschweig noch seinen natürlichen Verlauf. Hier existierten mehrere Flussarme, die sich durch ein feuchtes Gelände schlängelten.

Für die Gründung der Burg und der ersten Siedlungen wurden höher ge-

Im Bürgerpark teilt sich die Oker in die Umflutgräben.

legene Plateaus zu beiden Seiten des Flussufers ausgewählt. Der älteste Okerübergang Braunschweigs ist noch heute mit den Straßennamen Damm und Langedammstraße überliefert. Er geht vermutlich auf das 10. Jahrhundert zurück.

Seit dem 12. Jahrhundert entstanden die Okergräben um den mittelalterlichen Stadtkern. Sie wurden im Lauf der Jahrhunderte immer wieder ausgebaut, im späten 14. Jahrhundert kamen die äußeren Gräben – die heutigen Umflutgräben – hinzu. Der →*Wallring* gehört heute zu den großen Attraktionen Braunschweigs. Außerdem durchfließt die Oker zwei wichtige Naherholungsgebiete: den →*Bürgerpark* und den Ölpersee. Der ursprüngliche Flusslauf in der Innenstadt verläuft seit dem 19. Jahrhundert in einem überwölbten Kanal.

Östliches Ringgebiet

Das Stadtgebiet im Osten des Zentrums gehört heute zu den beliebtesten Wohngebieten Braunschweigs. Es entstand ab 1889 als planmäßige Stadterweiterung nach Planungen des Stadtbaurats Ludwig Winter.

Im Zuge der Industrialisierung erhöhte sich die Einwohnerzahl Braunschweigs von 58 000 im Jahr der Reichsgründung 1871 bis 1890 auf 100 000. Die dicht besiedelte Innenstadt musste erweitert werden. Dies geschah besonders nach Westen und nach Osten hin. Die Industrie siedelte sich vorwiegend im Südwesten und im Norden an. Die neuen Stadtquartiere wurden mit ei-

Jasperallee, opulente Häuserzeile im Stil des Historismus

ner Ringstraße zusammengebunden, deren Fertigstellung bis in die 1930er-Jahre dauerte.

Das östliche Ringgebiet entwickelte sich zum bevorzugten Wohnort der oberen Bevölkerungsschichten. Dies zeigt noch heute die repräsentative Hauptachse, die Jasperallee (urspr. Kaiser-Wilhelm-Straße) mit ihrer Mittelallee. Besonders nobel zeigt sich hier eine dreigeschossige Reihenhausbebauung mit tiefen Vorgärten an der Nordseite, die „Bremer Häuser". Eindrucksvoll ist auch die Bebauung am Stadtpark. In den Parallelstraßen zur Jasperallee wird die Wohnbebauung immer schlichter.

Interessant ist der Wandel der Architekturformen der Gebäude von West nach Ost: Auf den Historismus (Neorenaissance und Neobarock) folgen Bauten des Jugendstil und der sogenannten Reformarchitektur nach 1900.

Dominante des Quartiers ist die ebenfalls von Winter entworfene neugotische Paulikirche (1901–1906). Sie ist Mittelpunkt einer reizvollen Platzanlage.

Turmfront der Paulikirche

Passagen

Passagen gehören seit dem 19. Jahrhundert zu den Attraktionen der Zentren größerer Städte. Sie erlauben das Flanieren auch bei schlechtem Wetter und stellen oft bedeutende Architekturdenkmäler dar.

Handelsweg

Die Geschichte der Braunschweiger Passagen geht ebenfalls auf die Zeit vor 1900 zurück. Ihre Vorformen wurzeln jedoch bereits in den Messehöfen der Barockzeit. Eine solche Anlage war der „Neue Hof" zwischen der Breiten Straße und der Gördelingerstraße. Im Jahr 1872 eröffnete an seiner Stelle der Sedanbasar, der heutige Handelsweg. Seine Mitte wird durch einen Achteckbau mit hohen Spitzbögen betont. Das einstige Passagendach aus Eisen und Glas wurde im Zweiten Weltkrieg zerstört. Der Handelsweg beherbergt kleine Antiquitätenläden und Kunsthandlungen sowie urige Kneipen.

Im Zuge des Wiederaufbaus entstand zwischen Bohlweg und Münzstraße die Schlosspassage. Sie erhielt allerdings keine Überdachung und ist ein Beispiel für die einfache Architektur der Jahre nach 1945. Auch hier ziehen kleine Spezialgeschäfte die Kundschaft an.

Auf einer Kriegsbrache wurde 1979/80 der Welfenhof mit der zugehörigen Packhofpassage errichtet. Es handelt sich um eine großmaßstäbliche Bebauung mit Geschäften, Wohnungen und einem Hotel.

Burgpassage

Die meistfrequentierte Passage in der Stadt ist die Burgpassage. Sie wurde 1983 eröffnet und verbindet die beiden beliebten Einkaufsmeilen Schuhstraße und Hutfiltern.

Die zweigeschossige Passage ist mit einer rundbogigen Verglasung überdacht. Hier existieren 28 Ladengeschäfte der unterschiedlichsten Branchen.

Die Schlossarkaden (nächste Doppelseite) stellen mit ihren 120 Geschäften keine Passage im klassischen Sinn dar. Es handelt sich um ein autonom funktionierendes Einkaufszentrum nach dem Muster der „shopping mall".

SALE
WE

LIO LIO
OLYMP
NICI
Wurst-Basar

Petrikirche

Westturm, das Taufbecken (oben) und Glasmalereien im Chor (rechts)

Mit der ersten urkundlichen Erwähnung des Petritores im Jahr 1196 ist auch die Existenz dieser Kirche vorauszusetzen. Neben der Hauptkirche →*St. Martini*, der kleinen Michaeliskirche und der 1544 abgebrochenen Ulricikirche am Kohlmarkt war St. Petri die vierte Pfarrkirche der größten Braunschweiger Teilstadt. Möglicherweise initiierte Heinrich der Löwe die Kirchengründung.

Die Bausubstanz von St. Petri ist jedoch jünger. Für 1256 ist die Weihe eines Marienaltars überliefert. Weitere Baunachrichten datieren in die Jahre um 1260 und sind auf den frühgotischen Turmbau bezogen. Der Turm ist ältester Gebäudeteil der Kirche. Im Gegensatz zu den Hauptpfarrkirchen ist St.

Petri eintürmig angelegt. Der Turm besteht aus einem quadratischen Unterbau und einem achteckigen Turmschaft. Die Turmhaube ist in historischen Stadtansichten als spitzer Helm überliefert. Er wurde 1811 durch Brand zerstört und anschließend durch eine geschweifte Haube ersetzt (1944 vernichtet). Der 1971 errichtete Turmhelm ist an die ursprüngliche Form angelehnt, jedoch höher und mit dem markanten Hahn von Bodo Kampmann bekrönt.

Kurz vor 1300 begann der Bau einer neuen Hallenkirche, der sich bis in die Mitte des 14. Jahrhunderts erstreckte. Die Bauleute schufen ein nur drei Joche umfassendes Hallenlanghaus ohne Querarme und einen Chor mit dreiseitigem Abschluss. Am mittleren Chorfenster lugen zwei Männerköpfe hervor. Die beiden Plastiken stellen vermutlich die Heiligen Petrus und Paulus dar.

Die Kreuzrippengewölbe der gotischen Halle werden von mächtigen Achteckpfeilern getragen. Bemerkenswert ist, dass die Strebepfeiler an den Seitenschiffen in den Innenraum gerückt sind. Von der Ausstattung der im Zweiten Weltkrieg stark in Mitleidenschaft gezogenen Kirche sind nur wenige Stücke erhalten. Dazu gehört das Taufbecken von 1530, die Grabplatte für den Priester Johannes von Rinteln (1376) und das Hartwigsche Epitaph (1626). Die in den 1950er-Jahren geschaffenen Glasfenster im schön proportionierten Chor stammen von dem Hamburger Claus Wallner.

P

Physikalisch-Technische Bundesanstalt (PTB)

In Braunschweig werden für ganz Deutschland die Uhren gestellt – mit der Atomuhr in der PTB. Es handelt sich hier um eine Institution für Metrologie – für alle Bereiche exakter Messtechnik. Sie ist dem Bundesministerium für Wirtschaft und Energie zugeordnet. Die PTB ist ein Eckpfeiler des Wissenschaftsstandortes Braunschweig und genießt einen internationalen Ruf. Ihr Standort befindet sich an der Bundesallee am Nordwestrand des Stadtgebietes bei Watenbüttel.

Freiplastik „Wächtergruppe" vor dem Eingang

Wichtige Forschungsarbeiten der PTB beschäftigen sich mit immer genaueren Festlegungen physikalischer Basiseinheiten: den sieben Naturkonstanten des Internationalen Einheitensystems (SI): Sekunde, Kilogramm, Meter, Ampere, Kelvin, Mol und Candela.

Die Geschichte der wissenschaftlichen Einrichtung geht bis in das Jahr 1887 zurück. Damals wurde in Berlin eine Physikalisch-Technische Reichsanstalt (PTR) gegründet. Die heutige Braunschweiger PTB wurde 1950 ins Leben gerufen. Drei Jahre später gliederte man die einstige PTR an, bis heute ist in Berlin ein zweiter Standort der Bundesanstalt angesiedelt.

In der PTB arbeiten rund 1900 Menschen in insgesamt neun Fachabteilungen, davon ca. 1500 in Braunschweig. Das Institut erledigt auch Dienstleistungen im Auftrag der Wirtschaft oder für andere Forschungseinrichtungen.

Quadriga

Als Bekrönung für den Portikus (Mittelbau) des Residenzschlosses entstand von 1855 bis 1863 eine von dem Dresdner Bildhauer Ernst Rietschel gestaltete Quadriga. Es handelt sich um ein Viergespann mit der Figur der Brunonia als Wagenlenkerin. Sie wurde in Braunschweig in der Erzgießerei Howaldt hergestellt.

1865 zerstörte ein Großbrand weite Teile des Schlosses mit der Quadriga. Eine neue Quadriga konnte bereits 1868 aufgestellt werden. Während der Bombenangriffe auf Braunschweig blieb das Viergespann weitgehend unbeschädigt. Witterung, Verfall und Diebstähle führten schließlich zur Zerstörung der zweiten Quadriga. 1960 erfolgte der Abbruch der Schlossruine.

Mit der Rekonstruktion der Schlossfassaden sollte auch die Quadriga wieder als Wahrzeichen den Portikus bekrönen. Das neue Viergespann wurde bis 2008 nach einem Gipsmodell Rietschels, das in der Dresdener Skulpturensammlung Albertinum aufbewahrt wird, neu geschaffen.

Die Bronzeplastik ist mit 9 Metern Höhe, 7,5 Metern Breite und 9,5 Metern Länge sowie einem Gewicht von 25,8 Tonnen die größte Quadriga Europas. Sie wurde von der Firma Richard Borek gestiftet und kann besichtigt werden.

Rathäuser

Im Mittelalter existierten in Braunschweig fünf Rathäuser – entsprechend der Gliederung der Stadt in fünf →*Weichbilde*. Von diesen Gebäuden sind zwei erhalten: das Alt- und das Neustadtrathaus.

Das 1294 erstmals erwähnte Neustadtrathaus zeigt sich von außen als Bauwerk des Frühklassizismus. Es birgt jedoch noch mittelalterliche Substanz, so einen Gewölbekeller. Ab 1386 tagte hier der Gemeine Rat, der aus Mitgliedern aller Weichbildräte zusammengesetzt war.

Neustadtrathaus, Südfassade

Das Braunschweiger Altstadtrathaus gehört zu den bedeutendsten historischen Kommunalbauten in Deutschland. Mit dem Bau wurde um 1250 begonnen. Damals entstand der Westflügel als zweigeschossiger Saalbau. Einige seiner frühgotischen Fenster sind auf der Rückseite noch sichtbar. Das Erdgeschoss diente als Kaufhalle für den Marktbetrieb und für die Marktgerichtsbarkeit. Im oberen Saal, der Dornse,

Rathaus, Hauptfassade am Platz der Deutschen Einheit

fanden die Ratsversammlungen statt, gleichzeitig konnte sie für Festlichkeiten genutzt werden. Ein mittelalterliches Rathaus war für vielfältige Funktionen bestimmt. Reine Verwaltungsbauten waren der Zeit noch fremd.

Im späten 14. Jahrhundert wurde der Bau mit dem nördlichen Flügel erweitert, seitdem zeigt das Gebäude seine charakteristische Winkelform. Mit den zweigeschossigen Lauben erhielt das Rathaus 1455–68 seine repräsentative

Fassade. Sie korrespondiert mit der benachbarten →*Martinikirche*. Damit entstand eines der eindrucksvollsten mittelalterlichen Städtebilder nördlich der Alpen. Die Standbilder an den Pfeilern der Laube stellen Herrscher aus dem sächsischen und welfischen Haus mit ihren Gemahlinnen dar – von Otto dem Großen bis zu Otto dem Kind.

Das Altstadtrathaus wurde nach 1682 bis in das 19. Jahrhundert als „Autorshof" für die Braunschweiger Warenmessen genutzt. Im Bombenkrieg war es ausgebrannt, doch der äußere Wiederaufbau erfolgte bereits bis 1950. Die Dornse dient noch heute zu festlichen Veranstaltungen. Im Übrigen präsentiert hier das →*Städtische Museum* an passendem Ort seine Abteilung zur Stadtgeschichte.

Das heutige Rathaus besteht aus einem neugotischen Altbau (Platz der Deutschen Einheit) und einem modernen Erweiterungsbau am Bohlweg. Der Altbau entstand 1895–1900 nach Entwürfen von Stadtbaurat Winter. Seine Bauformen und der Turm erinnern an die gotischen Rathäuser flämischer Städte. Das Rathaus ist Teil der im späten 19. Jahrhundert geschaffenen „Stadtkrone". Sie sollte den historischen Kern um den Burgplatz ergänzen und akzentuieren.

Das heutige Rathaus

Richmond

An der Wolfenbütteler Straße befindet sich ein höchst originelles Bauwerk und das wichtigste erhaltene Zeugnis aus der Epoche Braunschweigs als Residenz: Schloss Richmond. Es wurde 1768/69 für Augusta Friederike Luise von Wales, die Gemahlin des späteren Herzogs Karl Wilhelm Ferdinand, errichtet.

Das Schlösschen steht stilistisch am

Schloss Richmond, Parkseite. Rechts das Gittertor mit dem Monogramm „A“ für Augusta

Übergang vom Barock zum Klassizismus. Einzigartig sind der Grundriss und die Übereck-Ausrichtung – die Hauptachse führt diagonal durch das Gebäude. Die Grundidee zu diesem Gebäude geht auf die damals modernsten Architekturströmungen in Frankreich zurück. Als ausführender Architekt ist der Braunschweiger Baumeister Carl Christoph Wilhelm Fleischer bekannt.

Zur baugeschichtlichen Bedeutung von Richmond kommt die Tatsache, dass unterhalb des Schlosses einer der frühesten Landschaftsgärten des europäischen Kontinents angelegt wurde. Prinzessin Augusta ließ den Entwurf dazu von dem renommierten britischen Gartenkünstler Lancelot Brown fertigen. Vorbild war hier die Anlage von Richmond an der Themse bei London: Die Prinzessin wollte in ihrer neuen Heimat an ihre Herkunft erinnert werden.

Schloss Richmond ist Eigentum der Stadt Braunschweig und dient zu repräsentativen Zwecken. Innenräume können auch für private Feierlichkeiten gemietet werden. Veranstaltungen wie das Richmond-Fest und das Schloss-Spektakel ziehen regelmäßig Tausende Besucher an.

Riddagshausen

Der 1934 eingemeindete Ortsteil Riddagshausen kann als einer der schönsten Stadtteile Braunschweigs gelten. Anziehungspunkte sind hier die großartige Zisterzienserkirche und ein ausgedehntes Naturschutzgebiet. Kein Wunder, dass Riddagshausen auch ein beliebter Wohnstandort ist.

Von den ursprünglichen Bauten der 1145 erfolgten Klostergründung ist nichts erhalten. Dafür gehört die wohl 1206 begonnene und 1275 geweihte Klosterkirche zu den frühen gotischen Bauten Deutschlands. Es

Klosterkirche Riddagshausen, Ansicht von Osten

Ehemalige Klosterpforte, Ansicht von Süden

handelt sich um eine gewaltige Gewölbebasilika in Kreuzform. Der gestaffelte Chor mit den zahlreichen Kapellen ist typisch für die Zisterzienserarchitektur. Die schöne Ausstattung mit dem Renaissancelettner stammt aus der Zeit nach der Reformation des Klosters (1568). Leider wurden die Klausurgebäude mit dem Kreuzgang im 19. Jahrhundert beseitigt. Reizvoll sind das Torhaus mit der Frauenkapelle und die alten Wirtschaftsgebäude am Klostergang.

Das Naturschutzgebiet gründet in der Teichwirtschaft des Klosters. Seit 1962 trägt das 526 Hektar umfassende Gebiet den Titel Europareservat. Die Teiche und die umgebenden Feucht- und Waldgebiete bieten Lebensraum für zahlreiche seltene und auch gefährdete Pflanzen- und Tierarten. Herausragend ist die Vielfalt der hier beheimateten Vogelarten, seit 2007 „gastieren" hier auch wieder Weißstörche. Die Feuchtgebiete sind idealer Lebensraum für Amphibien und Insekten. Ein 2009 eingerichteter Lehrpfad und das 2015 eingeweihte Naturerlebniszentrum im Haus Entenfang (Fachwerkbau von 1720) bieten dem Besucher tiefere Einblicke in die ökologischen Zusammenhänge.

Rizzi-Haus

Am Zugang von der Innenstadt in das Magniviertel zieht das „Happy Rizzi House" die Blicke auf sich. Das Kunstobjekt entstand als Beitrag Braunschweigs zur Expo 2000 in Hannover.

Das Gebäude wurde von dem New Yorker Künstler James Rizzi (1950–2011) in Zusammenarbeit mit einem Braunschweiger Architekten gestaltet. Rizzi war ein Vertreter der Pop-Art und beschäftigte sich nicht nur mit Malerei und Plastik. Er schuf auch Entwürfe zur Dekoration von Gebrauchsgegenständen wie Plattencover und Geschirr bis zu Autos und auch für ein Verkehrsflugzeug. Das Rizzi-Haus ist sein einziges Werk im Bereich der Architektur.

Schon die bauliche Gestalt fällt aus dem Rahmen: Das Haus ist in acht mehr oder weniger turmartige, in ihrer Höhe gestaffelte Baukörper gegliedert. Diese scheinen mit ihren angeschrägten Außenwänden und freien Fensterformen geradezu in Bewegung. Entscheidend ist jedoch die naiv-fröhliche Bemalung, die aus dem Gebäude ein Kunstobjekt macht. Aus den Bildern kann man Gesichter, Tiere, Gegenstände und abstrakte Formen lesen. Typisch für Rizzi: Einige Elemente der Malereien sind plastisch herausgehoben, was das Ganze noch lebhafter erscheinen lässt.

Das „Rizzi-Haus" ist ein Kunstobjekt, welches als Bürohaus auch genutzt wird.

Roggenmühle Lehndorf

Wer Braunschweig auf der westlichen Autobahntangente umfährt, wird auf einen originellen Backsteinturm aufmerksam. Er beinhaltete den Wasserspeicher einer großen Roggenmühle. Das mächtige Mühlengebäude entstand 1912–17, während der markante Turm erst 1934 hinzugefügt wurde. Die Mühle war bis 1987 in Betrieb.

Das Baudenkmal ist ein für Braunschweig bedeutendes Beispiel eines Industriebaus aus dem frühen 20. Jahrhundert. Es ist durch eine schlicht-monumentale Architektur gekennzeichnet. Dem Architekten Otto Orlishausen standen als Vorbilder wohl die großartigen Werksbauten der AEG in Berlin vor Augen.

Nach der Stilllegung des Mühlenbetriebes und langem Leerstand wurden Konzepte für eine weitere Nutzung erarbeitet. Die Realisierung kam jedoch erst ab 2006 zur Ausführung. Ein Teil des Gebäudes, der Silobereich, brannte 2007 aus und konnte in geschickter Anlehnung an den Altbau wiederaufgebaut werden.

Heute beherbergt das Industriedenkmal Geschäfte, Praxen und Büros, Gastronomie und Tagungsräume.

Teile der ursprünglichen Mühlentechnik blieben erhalten. Sie wurde von der Braunschweiger Firma Luther AG geliefert und sind ein Dokument der stark vom Maschinenbau geprägten Industriegeschichte der Stadt.

Schloss

Die einstige Braunschweiger Welfenresidenz hat eine bewegte Geschichte – sie ist von mehrfachen Zerstörungen gekennzeichnet. Streng genommen reicht sie bis in das Hochmittelalter zurück, als im 12. Jahrhundert Heinrich der Löwe seine →*Burg Dankwarderode* errichten ließ.
Das Schloss am Bohlweg war eine Neugründung aus der Barockzeit. Ab 1717

entstand hier nach Entwürfen Hermann Korbs ein großes Residenzschloss, der „Graue Hof". Er erhielt unter Herzog Karl Wilhelm Ferdinand 1789–91 seine endgültige Gestalt. In der Folge eines Volksaufstandes gegen Herzog Karl II. im September 1830 brannte der Graue Hof ab.

Herzog Wilhelm (reg. 1830/31–84) ließ bis 1841 umgehend am alten Standort eine neue Residenz errichten. Die Entwürfe stammten von dem

Hofbaumeister Carl Theodor Ottmer, einem Schüler des berühmten preußischen Architekten Schinkel. Es entstand ein monumentaler Dreiflügelbau des Spätklassizismus. Die 116 Meter lange Hauptfront zum Bohlweg zeigt einen Portikus, der an römische Tempelfassaden erinnert. Darüber wurde 1868 eine →*Quadriga* aufgestellt. Auf dem Schlossplatz errichtete

Reiterstandbild Herzog Carl Wilhelm Ferdinand

man 1874 die beiden Reiterstandbilder der Herzöge Karl Wilhelm Ferdinand und Friedrich Wilhelm.

Nach Abdankung des letzten Braunschweiger Herzogs Ernst August (reg. 1913–18) wurde das Schloss zu kulturellen Zwecken genutzt. Ab 1935 diente das Gebäude schließlich den Nationalsozialisten als SS-Junkerschule.

Otto IV. auf dem Portikus

Herzogtum Braunschweig

Die schwere Beschädigung im Bombenkrieg führte 1960 schließlich zum Abbruch der Schlossruine.

Die Diskussionen um den Schlossabbruch und einen Wiederaufbau verstummten nicht. 2003 erfolgte das Angebot eines Großinvestors, auf dem ehemaligen Schlossgelände ein Einkaufszentrum zu errichten. Hier sahen Befürworter des Wiederaufbaus die Möglichkeit, zumindest die Fassaden des Schlosses zu rekonstruieren. Eine solche Lösung wurde schließlich 2005–07 realisiert. Es entstand ein höchst umstrittener und widersprüchlich anmutender Gebäudekomplex: die Schloss-Arkaden. Diese überbauen nun den einstigen Schlosspark. Auf die Rekonstruktion der rückwärtigen Schlossfassaden musste verzichtet werden.

In der Kubatur des Schlossbaukörpers befinden sich heute die städtischen Kultureinrichtungen, der Haupteingang durch den Portikus führt jedoch direkt in das Einkaufszentrum.

Für die Braunschweiger Innenstadt und den Stadtraum am Bohlweg zeigt die Neugestaltung vielfältige Impulse.

Otto das Kind auf dem Portikus

Siegfriedviertel

Im Bereich des damals noch unbesiedelten „Ärkeroder Feldes" im Norden der Innenstadt entstand ab 1919 eine der wenigen Großsiedlungen aus der Zeit der Weimarer Republik in Braunschweig.

Grundlage für die bis 1931 errichtete und in den folgenden Jahren erweiterte Siedlung war eine 1919 von Hermann Flesche erarbeitete städtebauliche Planung. Der Architekt und Städteplaner wurde später Leiter des Braunschweiger Bauamtes und Professor an der Technischen Hochschule. Als Bauherren fungierten mehrere Baugenossenschaften.

Im Grundriss der Wohnsiedlung dominiert eine städtebauliche Großform. Sie besteht aus der als Ost-West-Achse ausgebildeten Siegfriedstraße sowie einer hufeisenförmig geführten Straße im Süden dieser Achse. Im Zentrum befindet sich der weiträumige Burgundenplatz. Zwei diagonal auf dem Burgundenplatz mündende Straßenzüge kreuzen den gebogenen Straßenverlauf des Walkürenrings. Die Bebauung der Siegfriedstraße zeigt eine kammartige Struktur mit begrünten Vorbereichen.

Ein Großteil der hauptsächlich zwischen 1926 und 1931 entstandenen Wohnbauten zeigt eine gemäßigt moderne Formensprache und Walmdächer. Wichtige Elemente ihrer Fassadengestaltung sind die mit Hartbrand-

Burgundenplatz (links) mit Siegfried-Standbild und das Siegfriedviertel.

klinkern ausgebildeten Baudetails, streifenförmige Putzstrukturen sowie Fensterteilungen mit Sprossen und Balkone. Als städtebauliche Dominanten prägen hohe Baukörper mit Flachdächern die wichtigsten Kreuzungen der Siegfriedstraße und die Ecksituationen am Burgundenplatz.

Die Farbgebung der Fassaden ist am Burgundenplatz und den anschließenden Bereichen der Siegfriedstraße der ursprünglichen Situation entsprechend wiederhergestellt.

Das Siegfriedviertel ist als einzige gut erhaltene Großsiedlung der 1920er-Jahre in Braunschweig von herausragender Bedeutung für die Baugeschichte der Stadt.

Staatstheater

Im Jahr 1690 entstand auf Initiative Herzog Anton Ulrichs auf dem →*Hagenmarkt* ein herzogliches Opernhaus. Es wurde mit der Oper „Cleopatra" von Johann Sigismund Kusser eröffnet.Das Haus diente zur Unterhaltung der Hofgesellschaft, konnte aber auch von den Einwohnern und Gästen der Stadt besucht werden.

Die Spielstätte sah die Uraufführungen von „Emilia Galotti" (1772, Gotthold Ephraim Lessing) und von Goethes „Faust I" (1829). Im 18. Jahrhundert hatte die Oper einen ausgezeichneten Ruf weit über die Landesgrenzen hinaus. Damals trat hier auch die berühmte Schauspielerin Friederike Caroline Neuber auf.

Die Oper am Hagenmarkt wurde 1861 geschlossen und daraufhin abgebrochen. Im gleichen Jahr konnte eine neue, repräsentative Spielstätte eröffnet werden: das Große Haus des Staatstheaters. Das Bauwerk wurde von den Architekten Carl Heinrich Wilhelm Wolf und Carl Friedrich Heinrich Ahlburg in den Formen der florentinischen Renaissance gestaltet. Es erhielt seinen Standort innerhalb der Wallanlagen

und schließt den Steinweg im Osten effektvoll ab. Nach Beschädigung im Zweiten Weltkrieg erfolgte die Wiedereröffnung bereits 1948.

Heute präsentiert sich das Staatsheater als Fünfspartenhaus (Schauspiel,

Musiktheater, Tanz, Jugendtheater und Staatsorchester). Es bietet 896 Sitz- und 60 Stehplätze. Jährlich werden rund 30 Premieren gefeiert.
Für das Kleine Haus konnte 1996 gegenüber dem Altbau ein modernes Gebäude eröffnet werden. Der multifunktionale Theaterbau ist mit 297 Zuschauerplätzen ausgestattet.
Im →*Magniviertel* existiert als „Haus Drei" seit 2006 der Theaterspielplatz.

Städtisches Museum

Im Jahr 1859 gründete der Historiker Carl Schiller einen Verein mit der Zielsetzung, städtische und regionale Altertümer zu sammeln und zu präsentieren. Nach der offiziellen Museumsgründung (1865) wurden Ausstellungsräume im Neustadtrathaus bezogen. Schließlich konnte 1906 das heutige, nach Entwurf des Stadtbaumeisters Max Osterloh entstandene Museumsgebäude eröffnet werden.
Es befindet sich an prominenter Stelle zwischen →*Löwenwall* und →*Magniviertel*. Die 1907/08 angefügte Erweiterung (ehem. Bibliothek und Archiv) bildet eine hervorragende Einbindung des Museumsbaus in die städte-

bauliche Umgebung. Die Architektur der Gebäudes zeigt eine gelungene Kombination von Neobarock (geschweifte Giebel und Turmdächer) und Jugendstil. Im Inneren beeindrucken die große, zentrale Halle und eine erstaunliche Raumfarbigkeit. Sie konnten während der letzten, 2012 abgeschlossenen Sanierung wiedergewonnen werden.

Das Spektrum der im Städtischen Museum präsentierten Exponate umfasst eine beachtliche Gemäldekollektion, Kunsthandwerk, historische Musikinstrumente und eine ethnologische Sammlung. Die Formsammlung Dexel gibt Einblicke in die Geschichte der Gestaltung von Gebrauchsgegenständen. Schwerpunkt der Gemäldegalerie sind Werke einheimischer Meister, so von Pascha Johann Friedrich Weitsch und seinem Sohn Friedrich Georg. Im Kunsthandwerk liegt ein Hauptaugenmerk auf Fürstenberger Porzellan und der Lackkunst aus dem Hause Stobwasser. Die Musikinstrumente dokumentieren die große Tradition Braunschweigs als Standort des Instrumentenbaus.

Im Altstadtrathaus befindet sich die sehr informative Abteilung zur Stadtgeschichte.

Originalfragment des Altstadtmarkt-Brunnens im Altstadtrathaus

Stadthalle

Rings um den →*Hauptbahnhof* zeigt Braunschweig sein moderneres Gesicht. Neben dem Bahnhof selbst finden sich hier die Gebäude des 2015 fertiggestellten BraWo-Parks mit seinem neuen Hochhaus und der ehemaligen Hauptpost (wegen ihrer Bauform „Toblerone“ genannt). Gegenüber wurde am Leonhardplatz bereits 1965 die Stadthalle Braunschweig eröffnet.

Das Gebäude entstand nach einem Entwurf des Architekturbüros Stumpf und Voigtländer aus Duisburg. Es wurde auf dem Grundriss eines Rasters gleichseitiger Dreiecke konzipiert und stellt sich als typischer Solitärbau der 1960er-Jahre dar. Die Fassaden des skulpturalen Baukörpers bestehen aus Sicht- sowie Waschbeton und aus verglasten Abschnitten.

Die multifunktionale Halle beinhaltet einen Großen Saal für 2300 Personen, einen Kongresssaal für 500 Personen sowie einen Vortragssaal und den Konferenzraum für 150 bzw. 90 Personen. Die Vielseitigkeit kann durch den Zusammenschluss von Räumen erweitert werden. Jährlich zählt die Stadthalle mit rund 1000 Veranstaltungen ca. 300 000 Besucher. Besonders beliebt sind die Neujahrskonzerte mit dem Staatsorchester Braunschweig.

Technische Universität

Die heutige TU Braunschweig kann auf eine über 250-jährige Geschichte zurückblicken: Im Jahr 1745 gründete Herzog Carl I. das „Collegium Carolinum". Dieses war keine Universität, aber eine höhere Lehranstalt besonders für die Ausbildung von Staatsdienern im Sinne der Aufklärung.

In der 1862 erfolgten Umbenennung in „Polytechnische Schule" spiegeln sich das aufkommende Industriezeitalter und der wachsende Stellenwert von Naturwissenschaft und Technik wider. Sie erhielt 1878 einen repräsentativen Neubau und den Namen „Herzogliche Technische Hochschule Carolo-Wilhelmina", nach den Namen des Gründers und des damals regierenden Herzogs Wilhelm.

1968 bekam die Hochschule den Status einer Technischen Universität. Inzwischen war sie um ein Vielfaches gewachsen. Im Nordosten des alten Standortes war ein neuer Campus mit großen Insti-

Altgebäude der Technischen Universität

tutsgebäuden entstanden. Das Herzstück blieb jedoch der Altbau, der nach 1960 von den „Forumsgebäuden" ergänzt wurde. Dieses bedeutende Ensemble der Nachkriegsmoderne wurde von dem Hochschullehrer Friedrich Wilhelm Krämer entworfen.
Heute ist die TU Braunschweig eine auch international angesehene Hochschule mit fast 20 000 Studierenden. Ihre Struk-

Gauß-Denkmal (1877) am Gaußberg (links). Forumsplatz und Universitätshochhaus (oben). Hauptgebäude der Carl-Friedrich-Gauß-Fakultät an der Hans-Sommer-Straße (rechts)

tur gliedert sich in sechs Fakultäten: die Carl-Friedrich-Gauß-Fakultät für Mathematik, Informatik, Wirtschafts- und Sozialwissenschaften; die Fakultät für Lebenswissenschaften (Biologie/Biotechnologie, Chemie/Lebensmittelchemie, Pharmazie, Psychologie); die Fakultät Bauwesen (Architektur, Bauingenieurwesen und Umweltwissenschaften); die Fakultät Maschinenbau (Elektrotechnik, Informationstechnik, Physik) und die Fakultät der Geistes- und Erziehungswissenschaften.
Zu den Persönlichkeiten, die mit der TU in Verbindung stehen, gehören Carl Friedrich Gauß, Heinrich Büssing, der Mathematiker Richard Dedekind und Nobelpreisträger Klaus von Klitzing. Die Architekturausbildung in den Nachkriegsjahrzehnten ging als „Braunschweiger Schule" in die jüngere Baugeschichte ein.

Torhaus-Galerie

Die beiden Torhäuser am ehemaligen Fallersleber Tor (Humboldtstraße) beherbergen das Kunsthaus des Bundes Bildender Künstlerinnen und Künstler Braunschweig (BBK).

Die Galerie existiert seit 1983. Hier werden Wechselausstellungen mit Werken von Künstlern aus der Region präsentiert. Darüber hinaus dienen die Häuser als Begegnungszentrum nicht nur für einheimische Künstler, hier werden auch überregionale und internationale Kontakte gepflegt. Auf dem Ausstellungsprogramm stehen sowohl klassische Kunstdisziplinen wie Malerei und Plastik als auch Fotografie, Videos und Installationen. Damit hat die Torhaus-Galerie ihren festen Platz im Kulturleben der Stadt.

Die klassizistischen Torhäuser wurden im Zusammenhang mit der Neugestaltung des →*Wallrings* 1819 nach Entwürfen Peter Joseph Krahes errichtet. Sie sind Bestandteile einer ausgeklügelten Freiraumplanung, welche die klassizistischen Stadteingänge prägte. Ihre klaren Bauformen sind an der altgriechischen Architektur und auch an der italienischen Renaissance orientiert.

Humboldtstraße

Traditionsinseln

Schon in den Jahren um 1900 veränderte sich das historische Stadtbild Braunschweigs durch Abbrüche und durch Neubauten großer Verwaltungs- und Geschäftshäuser. Wertvolle Fachwerkfassaden wurden abgetragen und in das →*Städtische Museum* verbracht. Manchmal baute man sie an anderer Stelle wieder auf, so am →*Burgplatz* (Handwerkskammer). Mit der historisierend rekonstruierten Burg zeigte sich der Burgplatz bereits vor 100 Jahren als „Traditionsinsel".

Nach der weitgehenden Zerstörung der Innenstadt im Zweiten Weltkrieg wur-

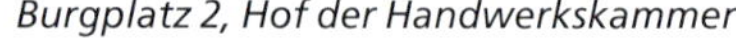

Burgplatz 2, Hof der Handwerkskammer

Michaelisviertel: Fachwerk an der Echternstraße

den Traditionsinseln in die Konzepte der Wiederaufbauplanung Braunschweigs einbezogen. Sie tauchen schon in den ersten Überlegungen zur Neugestaltung der Innenstadt durch Kraemer auf und wurden vom ersten Stadtbaurat nach 1945, Johannes Goederitz, in seine Planungen übernommen. Man wollte die Stadt nach den Grundsätzen modernen Städtebaus mit zeitgemäßer Architektur neu aufbauen, dabei aber die Bezüge zur alten Stadt nicht ignorieren.

Selbstverständlich galt der Burgplatz als bedeutendste Traditionsinsel, zumal hier die Bebauung, mit Ausnahme der ausgebrannten Burg, nur leicht beschädigt war. Als bürgerliches Zentrum wurde der →*Altstadtmarkt* (nächste Doppelseite) als zweite Traditionsinsel wiederhergestellt. Hier wurden die beschädigten Baudenkmäler restauriert und die Neubauten geschickt in den historischen Kontext eingefügt.

Schließlich kamen das →*Magniviertel* und die Stadtquartiere um St. Michaelis und →*St. Aegidien* hinzu.

Das Konzept des Neuaufbaus mit den Traditionsinseln ließ ein kontrastreiches Stadtbild entstehen, in dem sich historische Bauten und moderne Architektur oft unvermittelt gegenüberstehen.

Magnikirchstraße

Universitätsviertel

Mit dem 1878 eröffneten Neubau für die Technische Hochschule (heute →*Technische Universität*) war der Grundstein für ein neues Stadtviertel im Nordosten des alten Zentrums gelegt. In den letzten Jahrzehnten des 19. Jahrhunderts entstand im Umfeld der Hochschule ein Quartier mit gedie-

Gaußstraße

genen Stadtvillen und Reihenhäusern. Schleinitz- und Gaußstraße weisen noch heute entsprechende Ensembles gehobener Wohnbebauung der „Gründerzeit“ auf. Ihre Architektur zeigt die Formen der Neorenaissance. Die Häuser dienten als bevorzugte Wohnorte der Hochschulprofessoren. Mehrere Villen wurden von Studentenverbindungen errichtet und dienen noch heute ihrem ursprünglichen Zweck.
Nach Osten hin verzahnt sich die Bebauung mit einfacheren Mietshäusern, Schulbauten und Handwerks-

Der „Grotrian" zwischen Zimmerstraße und Bültenweg

sowie Industriebetrieben. Davon zeugen noch die beiden Flügelbauten der einstigen Grotrian-Klavierfabrik von 1911. Sie beherbergen heute Fachschaften und Zeichen- sowie Seminarräume der TU.

In den letzten Jahrzehnten sind, neben den Forumsbauten am zentralen Campus, im gesamten Stadtviertel mehrere neue Institutsgebäude entstanden. Die kleinteilige Struktur des Quartiers blieb jedoch erhalten. Hier befinden sich zahlreiche Kneipen und Cafés – Anziehungspunkte für das studentische Leben.

Studentenkneipe im Univiertel

Volkswagen Halle

Die Volkswagen Halle Braunschweig befindet sich im Süden der Innenstadt am Rand des →*Bürgerparks*. Es handelt sich um eine Veranstaltungsstätte für Sportereignisse, Fernsehshows, Konzerte und Kongresse. Sie wurde im September 2000 eröffnet und erhielt 2006 einen Erweiterungsbau. Das Gebäude ist für eine Besucherzahl von maximal 8000 Personen ausgelegt.

Die ovale Halle ist über eine Länge von 65 Meter und über 35 Meter Breite stützenfrei überspannt. Die geböschte Metallfassade und ein gebustes Dach prägen das Äußere des

Bauwerks. Die Pläne stammen von KSP Jürgen Engel Architekten.
Zur Finanzierung des Bauvorhabens war 1998 von mehreren großen Firmen der Region und der Stadt Braunschweig die „Stiftung Sport und Kultur für Braunschweig" gegründet worden.
In der Halle finden die Heimspiele der Basketball Löwen Braunschweig statt. Bei den Tanzturnieren überzeugen hier immer wieder die erfolgreichen Tanzformationen aus der Löwenstadt.
In den Jahren 2002 und 2009 war die Volkswagen Halle Kulisse der beliebten Fernsehshow „Wetten, dass?".
Seit 2013 befindet sich in unmittelbarer Nähe der Halle ein neues Nobelhotel.

Rest der mittelalterlichen Stadtmauer am Prinzenweg

Wallring

Die Innenstadt Braunschweigs befindet sich quasi auf einer Insel – sie wird ringsum von zwei →*Oker*armen eingefasst. Diese Situation gründet in der Geschichte der Stadtbefestigungen. Aus den Bastionen und Gräben wurde vor 200 Jahren ein Promenadenring mit Alleen, Grünanlagen und neuen Stadteingängen geschaffen. Heute trägt der Wallring erheblich zur Lebensqualität Braunschweigs bei.

Gegen Ende des 18. Jahrhunderts war die barocke Bastionärbefestigung veraltet und verwahrlost. Der von 1780 bis 1806 regierende Herzog Karl Wilhelm Ferdinand war bestrebt, neben dem Ausbau des Landes seine Residenzstadt zu modernisieren. Dazu gehörte auch die „Entfestigung" Braun-

schweigs, um die Zugänge in die Stadt zu verbessern und eine repräsentative Außenwirkung zu erreichen. Auch in anderen Städten wurden ehemalige Befestigungsanlagen nun zu Promenadenringen umgestaltet.

Kurz vor 1800 entstand in Braunschweig der Plan, die Befestigungswerke in eine Wallpromenade zu verwandeln. Im Jahr 1801 berief der Herzog eine „Wall-Demolierungs-Kommission" ein. Die Arbeiten begannen im Nordwesten des Wallrings. Noch heute weist der Inselwall mit seiner geschwungenen Wegeführung auf diesen frühen Bauabschnitt hin. Mit der 1803 erfolgten Berufung Peter Joseph Krahes gingen die Planungen in die Hände dieses genialen Baumeisters über. Er entwarf die Konzeption für den gesamten Wallring. Die Umgestaltungen zogen sich bis in die 1820er-Jahre hin. So entstand einer der schönsten Promenadenringe Europas.

Die wichtigsten Komponenten der Planungen waren die gewundenen Flussläufe der Umflutgräben und die Anlage von Wallstraßen. Die gewun-

Rosentalbrücke am Inselwall

Villenbebauung am östlichen Umflutgraben.

denen Verläufe der Umflutgräben gehen auf die Form der barocken Bastionärbefestigung zurück. Die Gräben wurden verschmälert und durch neue Wehre reguliert. Die Torsituationen der Ausfallstraßen wurden als ausgeklügelte Freiraumkompositionen gestaltet. Diese bestanden aus Platzsituationen mit zumeist paarweise angeordneten Torhäusern, Einfriedungen und Barrieren sowie neuen Okerbrücken. Noch immer wurden an den Toren Einfuhrsteuern eingenommen und Wachen postiert. Die neuen Toranlagen erleichterten den Verkehr jedoch erheblich. Die Wallstraßen gestaltete Krahe als Alleen. An den Kreuzungen mit den Ausfallstraßen und an wichtigen Knick- bzw. Gelenkpunkten entstanden Plätze in Kreis-, Rechteck- oder Dreiecksform. Das Terrain an den Wallstraßen wurde an Privatleute veräußert oder zu kleinen Landschaftsparks gestaltet – die Einnahmen dienten zur Finanzierung der Arbeiten.

Die privaten Eigentümer ließen anfangs Gartenhäuser und schließlich Stadtvillen erbauen, so die Villa Salve Hospes (→*Kunstverein*). Die Villen geben einen schönen Überblick über die Stilentwicklung vom Klassizismus über den Historismus bis zum Jugendstil. Seit Mitte des 19. Jahrhunderts erforderte das Wachstum der Stadt den Um- und Neubau von Straßen und Brücken. Großbauten wie der Bahnhof, das →*Staatstheater* und das heutige →*Herzog Anton Ulrich-Museum* wurden geschickt in den Wallring eingegliedert. Nach dem Zweiten Weltkrieg favorisierte man den verkehrsgerechten Ausbau der Innenstadt. Der völlige Umbau einiger Toranlagen, besonders am John-F.-Kennedyplatz und am Petritor, führte hier zur Zerstörung der einst hochwertig gestalteten Stadteingänge.

Villa Löbbecke am Inselwall.

Weichbilde

Der Begriff „Weichbild“ ist in Braunschweig als Bezeichnung für eine mittelalterliche Teilstadt mit eigener Ratsverfassung und Pfarrkirche sowie eigenem Rathaus und Markt zu verstehen. Die Entstehung der fünf Weichbilde Altstadt, Altewiek, Hagen, Neustadt und Sack ist der städtebaulichen Entwicklung des alten Braunschweig zu verdanken. Diese „Pentapolis“ ist einzigartig in der abendländischen Stadtbaugeschichte.

Aus den ältesten Siedlungszellen im heutigen →*Magniviertel* (Weihe der →*Magni*-

Braunschweig im 13. Jahrhundert mit Weichbilden (Plan). Der Kohlmarkt – früher Siedlungskern im alten Braunschweig

kirche 1031) und am Kohlmarkt gingen die Teilstädte Altewiek und Altstadt hervor. Um 1160 gründete Heinrich der Löwe das Weichbild Hagen. In konsequenter Folge wurden im 13. Jahrhundert auch die zwischen den bestehenden Weichbilden gelegenen Flächen aufgesiedelt: Neustadt und Sack. Damit ergab sich die verteidigungstechnisch vorteilhafte, kompakte Form der Gesamtstadt. Im Gegensatz zu den Städten, die sich im Mittelalter konzentrisch um einen Mittelpunkt erweiterten, geschah dies in Braunschweig durch additive Neugründungen von Teilstädten.

Die fünf Stadträte bildeten allerdings auch einen gemeinsamen Rat. Schon 1269 beschlossen die Räte der drei führenden Weichbilde (Altstadt, Hagen und Neustadt) ein gemeinsames Gremium. Ab 1386 regierte ein gemeinsamer Rat aller Teilstädte im Neustadtrathaus. Er war besonders für die äußeren Angelegenheiten zuständig. Mit der Unterwerfung Braunschweigs durch Herzog Rudolf August endete 1671 die mittelalterliche Ratsverfassung. Es folgte die Auflösung der Weichbilde.

Die Gliederung der Stadt in Weichbilde ist ein Grund für die Existenz der zahlreichen großen Kirchenbauten in Braunschweig. Von den fünf historischen →*Rathäusern* haben nur Altstadt- und Neustadtrathaus überdauert.

Literatur

Sabine Ahrens: 250 Jahre Naturhistorisches Museum in Braunschweig. Braunschweig 2004

Elmar Arnhold: Die Braunschweiger Kemenate (Braunschweiger Werkstücke 111). Braunschweig 2009

Arnhold & Kotyrba Architekturführer: Architektur im Kaiserreich – Braunschweig 1871–1918. Braunschweig 2013

Arnhold & Kotyrba Architekturführer: Dom St. Blasii Braunschweig. Braunschweig 2013

Arnhold & Kotyrba Architekturführer: Fachwerkarchitektur in Braunschweig. Braunschweig 2009

Arnhold & Kotyrba Architekturführer: Mittelalterliche Kirchen in Braunschweig. Braunschweig 2014

Arnhold & Kotyrba Architekturführer: Okerbrücken am Braunschweiger Wallring. Braunschweig 2012

Arnhold & Kotyrba Architekturführer: Städtisches Museum Braunschweig. Braunschweig 2012

Gisela Buddée / Jutta Brüdern: Braunschweig (dt./engl./frz). Hamburg 2015

Luitgard Camerer, Manfred R. W. Garzmann, Wolf-Dieter Schuegraf, Norman-Mathias Pingel (Hrsg.): Braunschweiger Stadtlexikon. Braunschweig 1992

Rudolf Fricke: Das Bürgerhaus in Braunschweig. Tübingen 1975

Manfred R. W. Garzmann, Wolf-Dieter Schuegraf, Norman-Mathias Pingel (Hrsg.): Braunschweiger Stadtlexikon – Ergänzungsband. Braunschweig 1996

Dieter Heitefuß: Aus Trümmern auferstanden. Braunschweig und sein Wiederaufbau nach 1945. Eine Bilddokumentation. Braunschweig 2005

Dieter Heitefuß: Braunschweig von oben. Braunschweig 1999

Dieter Heitefuß: Braunschweigs Stadterweiterungen 1920 bis heute. Braunschweig 1999

Institut für vergleichende Städtegeschichte (Hrsg.): Braunschweig. Deutscher Historischer Städteatlas 4. Münster 2013

Horst-Rüdiger Jarck, Gerhard Schildt (Hrsg.): Die Braunschweigische Landesgeschichte. Jahrtausendrückblick einer Region. 2. Auflage. Braunschweig 2001

Horst-Rüdiger Jarck, Dieter Lent u. a. (Hrsg.): Braunschweigisches Biographisches Lexikon – 8. bis 18. Jahrhundert. Braunschweig 2006

Horst-Rüdiger Jarck, Günter Scheel (Hrsg.): Braunschweigisches Biographisches Lexikon – 19. und 20. Jahrhundert. Hannover 1996

Wolfgang Kimpflinger: Denkmaltopographie Bundesrepublik Deutschland. Baudenkmale in Niedersachsen. Band 1.1.: Stadt Braunschweig. Teil 1, Hameln 1993

Wolfgang Kimpflinger: Denkmaltopographie Bundesrepublik Deutschland. Baudenkmale in Niedersachsen. Band 1.2.: Stadt Braunschweig. Teil 2, Hameln 1996

Axel Klingenberg (Hrsg.): Blau-Gelb-Sucht. Ein Eintracht Braunschweig-Fanbuch. Meine 2013

Sàndor Kotyrba: Braunschweig. Braunschweig 2014

Reinhard Liess: Braunschweig (Deutsche Lande – Deutsche Kunst). München 1980

Jochen Luckhardt: Das Herzog Anton Ulrich-Museum und seine Sammlungen 1578 – 1754 – 2004. München 2004

Merian (Hrsg.): Braunschweig. Hamburg 2006

Simon Paulus / Ulrich Knufinke: Der Braunschweiger Wallring. Braunschweig 2011

Simon Paulus / Ulrich Knufinke: Peter Joseph Krahe. Wegweiser zum Klassizismus in Braunschweig und Umgebung. Braunschweig 2008

Simon Paulus / Ulrich Knufinke/Arne Herbote: Wege in die Moderne. Braunschweig 2013

Dirk Rieger: platea finalis: Forschungen zur Braunschweiger Altstadt im Mittelalter. Rahden 2010

Gerd Spies (Hrsg.): Braunschweig – Das Bild der Stadt in 900 Jahren. Geschichte und Ansichten. 2 Bände, Städtisches Museum Braunschweig, Braunschweig 1985

Henning Steinführer, Claudia Böhler (Hrsg.): Die Braunschweiger Bürgermeister. Von der Entstehung des Amtes im späten Mittelalter bis ins 20. Jahrhundert. Braunschweig 2013

Lutz Tantow: Braunschweig, Rostock 2012

TU Braunschweig (Hrsg.): Campus in concert – Das Uni-Bilder-Buch der TU Braunschweig. Braunschweig 2005

Jürgen Weber: Die Braunschweiger Säule „2000 Jahre Christentum“. München 2009

Bernd Wedemeyer: Das ehemalige Residenzschloß zu Braunschweig. 2. Aufl., Braunschweig 1993

Inhalt

Umschlag: Blick auf die Burg Dankwarderode zwischen Dom und Rathaus und der Burglöwe auf dem Burgplatz. Hinten: Technische Universität. Vorsatz: Altes Zollhaus. Seite 2/3: Fachwerkdetail des ehemaligen Rüninger Zollhauses am Altstadtmarkt. Seite 4/5: Blick vom Nussberg nach Westen über die Stadt. Seite 8/9: Bick von der Schlossquadriga über den Bohlweg. In der Mitte Dom und Rathaus.

Bibliografische Information der Deutschen Nationalbibliothek
Die Deutsche Nationalbibliothek verzeichnet diese Publikation in der Deutschen Nationalbibliografie; detaillierte bibliografische Daten sind im Internet über http://dnb.dnb.de abrufbar.

Gesamtherstellung: Husum Druck- und Verlagsgesellschaft
Postfach 1480, D-25804 Husum – www.verlagsgruppe.de

ISBN 978-3-89876-809-2

Rebenring
27
Konst.-Uhde-Str.
Katharinenstr.
Mühlenpfordtstr.
Pockelsstr.
Bültenweg
7
Wendenring
Oker
Altes
Universitäts-
viertel
Hagenring
Straße
Bammelsburger Str.
Am Gauß
berg
41
Gliesmaroder
Maschplatz
Neustadtring
Löbbeckes
Insel
Wendentorwall
Fallersleber-Tor-Wall
5
Humboldtstraße
Celler Straße
Am Wendentor
Inselwall
42
Maschstraße
Rudolfstraße
An der
Neustadt-
mühle
Kaiserstraße
Wendenstraße
Wilhelmstraße
Fallersleber Straße
Theater-
wall
Botanischer
Garten
Wiesenstraße
Thomaestraße
Freisestraße
Petritorwall
4
Reichsstraße
Hagenbrücke
20
Schöppenstedter Str.
Mauernstr.
Theater-
park
Moltkestr.
Altewiekring
Weberstraße
Rade-
klint
2
14
Jasperallee
Lange Straße
Casparistr.
Wilhelmsg.
Sackring
Holwedestr.
Hohetorwall
30
A.d.Petrik.
Hintern Brüdern
Höhe
Bohlweg
38
Kasernenstr.
Bismarckstr.
Schild
Marstall
Steinweg
6
Gördelingerstr.
Breite Straße
Scharrnstraße
Güldenstraße
Schützenstr.
Sack
Papenstr.
9
Dankwardstr.
Am Schlossg.
Husarenstraße
Museum-
park
Neue Str.
10
Münzstraße
brunnen
Ritter
Magnitorwall
Hochstraße
Giersbergstraße
Sidonien-
straße
Echternstr.
8
17
Parkstr.
Schuhstr.
22
33
37
Museumstr.
Kreuzstraße
3
13
Brabandtstr.
32
Georg-Eckert-Straße
26
Kastanienallee
Sonnenstraße
25
Turnierstraße
Kohl-
markt
Hutfiltern
Damm
Stobenstraße
35
24
Helmstedter Str.
Eiermarkt
19
Ölschlägern
Steintorwall
Adolfstr.
Bertramstr.
Wilhelmitorwall
Echternstr.
Bank-
platz
Friedr.-Wilh.-Str.
Rosenhagen
Kuhstraße
Ritterstr.
39
Madamenweg
Gieseler
Südstr.
Fr.-Wilh.-
platz
Leopoldstr.
Augustraße
Klint
Löwenwall
Leonhardstraße
1
23
Gutenbergstr.
Prinzenweg
Kalenwall
Bruchtorwall
Broitzemer Str.
Gieseler-
wall
Lessing-
platz
J.-F.-Kennedy-
platz
Adolfstr.
Bertramstr.
Gerstäckerstr.
An der Stadthalle
Leonhard-
platz
Sophienstraße
Konrad-Adenauer-Straße
21
Altstadtring
18
43
Kurt-Schumacher-Straße
40
Juliusstraße
Cammannstr.
Ottmerstraße
Frankfurter Straße
Am Alten Bahnhof
Viewegs
Garten
Theodor-Heuss-Straße
Luisenstraße
Willy
Brandt-
platz
Münchenstraße
Frankfurter Str.
Kramerstraße
Wolfenbütteler Straße
Cyriaksring
15
Hbf.
Oker
Bürger-
park
Heinr.-Büssing-Ring